日本人は知らない中国セレブ消費

袁 静

日経プレミアシリーズ

プロローグ

角部屋だから大特価?

「角部屋だからこんなにお得！　通常○○元のお部屋が××元に！」

中国最大の旅行予約サイト「シートリップ」で、こんなキャッチコピーを見つけました。中国の有名観光地にある超ゴージャスなホテルです。

角部屋「だから」ワケあり価格?　日本の方には意味がわからないでしょう。窓は多いほうが明るいし、風通りもいい。特にホテルほど完全な防音設備のない日本旅館なら、もっとも静かにすごせる最高の部屋とされているはずです。

しかし、中国人は角部屋を嫌います。厳密には、廊下の突き当たりにある部屋です（角部屋であっても、廊下が回廊式で行き止まっていない場合は、問題になりません）。私も風水にはくわしくないのですが、通路の行き止まりというのは、流れがよどむ場所だということのようです。

大勢の人間が入れかわり立ちかわりする場所には、「鬼（グイ）（幽霊）」も集まっている。中国人はそう考えます。幽霊が廊下を歩いてきて、突き当たりになったら、もう行き場がないので部屋に入ってくる。そう思うから、角部屋を嫌うわけです。

そんなことをいまだに信じているのか、と驚かれたかもしれません。しかし、私も何人かの中国人セレブから「角部屋だけは嫌だ」との声を聞いています。鍵をあけて部屋に入るときには必ず大声を出すという人までいました。

「私が入る番ですよ。さあ、（幽霊さんは）出ていってください」

誰もいない部屋に向かって語りかけるそうなのです。

そうはいっても、ごくごく一部の中国人の話ではないのか？　日本生活が長い私はそう思って、うちの会社の中国人スタッフに確認してみました。すると、10人に聞いたなかで、「そんなこと気にしない」と答えたのは、たったの2人！　サンプル数が少ないながら、この割合はただごとではありません。

アンケートでも8割が「気にする」

そこで弊社の雑誌『行楽』の読者にアンケートをとることにしました。行楽ウィーチャット（微信（ウェイシン）。中国版ＬＩＮＥ）で、こんな質問を流したのです。

「日本の旅行先で宿泊するとき、どういう部屋だと気になりますか？　たとえば廊下の突き当たりとか？」

ちょっと誘導的な聞き方ではありますが、この時点の私の感覚では、こちらから「突き当たり」というキーワードを出さないかぎり、こんな迷信をもち出す人はほとんどいないと予想していたのです。ところが……。

読者のメッセージは２５０件ほど書きこまれましたが、なんと２００件もが「突き当たり」というキーワードに食いついてきました。そのうち6割が「気にする」と答えた。2割は「噂は知ってるけど気にしない」、2割は「（日当たりや景色など）条件が良ければ辛抱する」と答えています。

廊下の突き当たりは怖いという噂が念頭にある人のうち、まったく気にしないのは、やっぱり2割だけだったわけです。この結果には私も驚きました。

気にする理由については、8割が「幽霊が出るから」。残り2割は「火事や地震のとき逃げにくい」といった現実的な理由でした。

「迷信だと思っていたけど、1回だけ泊まったときに事故にあいました。事故の後遺症はいまも残っており、それ以来、ものすごく信じています」

「会社の人がみんな気にするので、自分も影響を受けて避けるようになった」

「突き当たりの部屋にされないよう、予約の段階でホテルに連絡しています」

「そんな部屋に当たっちゃったら、入る前に必ずノック。足を踏み入れるときも『お邪魔しまーす』って口に出すな」

「突き当たりの部屋に案内されたときは、絶対に部屋を替えてもらいます」

そんなコメントが並んでいます。ちなみに、オカルト的な解釈は、ネットで調べると山のように出てきます。いずれも単なる恐怖体験談にすぎないのですが、この噂が市民権を得ているいることだけは実感できます。

これだけ「突き当たりの部屋」を気にする人が多いということは、メディアには報じられないものの、訪日中国人が激増する日本各地の宿泊施設で混乱が起きているのではないかと予想されます。

日本の旅館・ホテルとしては、最上級のおもてなしのつもりで角部屋にご案内する。中国人としては、絶対に泊まりたくない恐ろしい部屋に案内されて、不愉快な気分になる。なんとも残念な展開です。

そういえば、中国の旅行会社の人から、面白い話を聞いたことがあります。ホテルでシングルルームをとろうと思ったら、あいにく満室。そんなとき、ホテルの方のご厚意で、シングル料金でツインルームを使わせてくれたりしますよね。日本人なら絶対に「ラッキー!」とよろこぶ局面ですが、中国人はよろこばないというのです。

理由はふたつあります。ひとつは、中国人にとって、日本のベッドは小さい。ダブルベッドを用意してくれるならうれしいけれど、シングルベッドをふたつ並べたツインルームに案内されても、ほとんどお得な感じがしない。

そして、こちらの理由のほうが大きいのですが、隣に空きのベッドがあると、誰か(つまり幽霊です)が寝ているように感じて、落ち着かない。ぐっすり眠れない。こうした中国人の心理を理解している旅館・ホテルはほとんどないのではないでしょうか。サービスでツインルームにしてあげたのに、逆に嫌な顔をされる。つくづく残念な展開です。

せっかく氷をとかしたのに

似たような話はいくらもあります。たとえば「お冷や」問題。

日本では、喫茶店に入ってジュースを注文したときですら、必ず氷の入った水が出てきます。いわゆる「お冷や」ですね。

これは家族経営の小さな料理店でも徹底されています。お客さんでごった返すランチタイムでも、店員さんはよく見ています。水が少しでも減っていたら、すぐやってきて注ぎ足してくれるし、氷がとけていたら、新しいコップと交換してくれます。これぞおもてなし精神の最たるものだと感心します。

しかし、残念なことに、中国には氷の入ったものを飲む習慣がありません。医食同源の考え方から、体を冷やすものは遠ざける。真夏でも中国人は熱いお茶を飲むというのは、日本でもけっこう有名ですよね（だからこそ、日本の魔法瓶が爆買いされるのです）。さらにいえば、「温かいものでなければ料理とみなさない」ぐらいです。

ビールを冷やして飲むようになったのも、この10年ぐらいでしょう。そういう意味では、氷の入ったお水など、飲み物とは思えないのです。訪日中国人の誰もが受けるカルチャーショックのひとつです。

雑誌『行楽』の読者は、1年に何度も日本旅行するようなディープな日本ファンばかりなのですが、それでもお冷やには我慢ならない人もいるようです。こんな感想を書いていたので、思わず笑ってしまいました。

「氷水、氷水、氷水……。『いらない』と断るのも失礼だと思い、黙って受け取る。コップを両手で包んであたためて、ようやく氷がとける。『さあ、飲むぞ』と思った瞬間、お姉さんが近づいてきて、『新しいのとお取り換えしますね』。また氷水、氷水……」

私は中国人の感覚が正しいのだとか、日本人の感覚が正しいのだとか、そんな話をしたいわけではありません。日本人が最上級のおもてなしで相手を歓迎しているのに、ちょっとした誤解で、それが裏目に出てしまうことがくやしいし、残念なのです。

だから、このズレを修正したい。中国人に向けて「日本人は何を考えているか」を伝えると同時に、日本人にも「中国人が何を考えているか」を知ってもらいたい。そうした思いが、日々の活動の原動力になっています。

中国人のいないところに行きたい

私は日本旅行に特化した中国唯一の雑誌『行楽』を発行しています（編集部は上海ですが、東京にもオフィスがあります）。その後、ウェブの分野にも進出し、さらにインバウンド客を増やしたい日本の地方自治体や、商品を中国で売りたい日本企業のコンサルティングもおこなっています。

『行楽』のターゲットは、日本を個人旅行する人たちです。彼らの価値観や行動パターンは、おそらく日本のみなさんがイメージされている中国人観光客とは、大きくかけ離れていると思います。メディアが好んで取り上げるのは団体旅行者ばかりで、個人旅行者の実態はほとんど伝えられていません。

「深度游（シエンドゥヨウ）」という中国語があります。深みのある旅行という意味です。銀座、富士山、京都、大阪といった「ゴールデンルート」を駆け足で回るような、表層的な旅行は嫌だ。日本の社会や文化を掘り下げて知りたい。普通の日本人とふれあいたい――。日本でいわれている「モノ消費からコト消費へ」のイメージに近いと思います。

爆買いに代表される、一部の団体旅行者のマナーの悪さに眉をひそめているのは、じつは日本人だけではありません。深度游する中国人も同じです。だから、中国人の個人旅行者に「日本のどこに行きたいですか?」とアンケートをとると、必ず「中国人(団体客)のいないところ」が上位に入ってきます。

上海や北京は日本とはケタ違いの競争社会です。学校でも会社でも日常生活でも競争、競争……。つねに追いまくられている。特にミドルクラス以上になると、息を抜けない毎日が続きます。彼らがようやく休暇をとって日本に来るとき、そこに求めるのは「癒やし」なのです。中国人が殺到するお店で商品を奪いあうようなことは、できるかぎり避けたい。それが嫌で日本に来ているわけですから。

だから、鳥取県や奄美大島、高野山など、日本人が聞いたら「なんでそんな場所に?」と驚くような場所が人気だったりします。当然、各地を駆け抜けるのではなく、同じ場所でのロングステイも多い。女性の一人旅も珍しくありません。

日本人と変わらない服装をし、日本のマナーを尊重し、静かに旅行をする中国人は、決して人目を引くことがありません。日本の風景にとけこんでいますから。誰にも迷惑をかけないためメディアが取り上げない。だから、知られていないのです。そうした訪日中国人が増えているのだということを、ぜひ知っていただければと思います。

ターゲットは「プチ富裕層」だ

中国の個人旅行者は急増中で、2015年には団体旅行者数を追い抜きました。2016年でいうと、個人6・5割、団体3・5割というところ。これは全国平均ですから、上海や北京など大都会に限定すれば個人旅行者が8割を超えています。観光バスから降りてくる団体客は、ほぼ地方の人たちと考えていい。

中国はすでに世界最多の海外旅行者数を誇り、2016年の出国者数は1億2200万人。しかし、人口が14億人もいるので、単純計算で全体の8・7%にすぎません（1年に何度も海外に出る人もいますから、実際の割合はもっと少ないということです）。その8・7%のなかでも個人旅行できる人となると、社会的にはかなり上層にいる人たちといえます。

実際、中国の旅行サイト最大手「シートリップ」と中国旅游研究院の2016年の調査では、この8・7%の人々の消費金額は、全中国の旅行消費の16%を占めるそうです。数は少ないものの、お金をつかう人たちなのです。

中国は日本では考えられないほどの格差社会です。なかには資産が1兆円を超える富裕層まで存在します。しかし、彼らの数は少ない。日本がビジネスのターゲットとすべきは、ミドルクラスから少し上の人たちだと私は考えています。本書では彼らを「プチ富裕層」と名づけましたが、数は富裕層より多く、消費能力が高い。

こうしたプチ富裕層が日本を旅して日本製品のファンになれば、中国に戻っても継続して買い続けてくれます。日本企業の潜在的なお客さんなのです。中国は関税が高いため、日本から輸入する商品はものすごく割高になります。日本へ個人旅行できるぐらいの余裕がないと買えないわけです。

そういう意味で、日本を個人旅行する層と、中国で日本製品を買う層は重なっています。そこで本書では、あまり厳密にインバウンドに限定するのでなく、プチ富裕層全体に焦点を当てたいと考えています。

プチ富裕層は、まったく新しい階層です。たとえば、共働きが当たり前の中国で、プチ富裕層には専業主婦も少なくありません（専業主婦の実態については、第4章でじっくり解説します）。

彼らはどんな価値観をもっていて、どんな行動をとるのか。日本のどういう部分に感心して、どこに違和感をもつのか。もの足りないと思っている部分はどこなのか。ものを選ぶ基準は何で、どんなサービスなら満足度が高いのか……。プチ富裕層の実態を細かく紹介したうえで、その背景にある中国社会の変化についても語るつもりです。

インバウンド関係者だけでなく、中国でビジネスを展開したいビジネスマンや、最近の中国社会の変化に関心をおもちの方など、多くの人の参考になるはずです。「中国人ってどんな人たちなのか」という理解が少しでも深まることを願っています。

目次

プロローグ……3
角部屋だから大特価？／アンケートでも8割が「気にする」
せっかく氷をとかしたのに／中国人のいないところに行きたい
ターゲットは「プチ富裕層」だ

第1章　誰が「深度游」しているのか……21
東京なんか不便だから嫌！／スマホがなければタクシーにも乗れない
深夜に熱々のワンタンが届く／スタバぐらい歩いて行けば？
なぜプチ富裕層なのか／コーヒーよりカプチーノ
金持ちでないとマルチビザはとれない
なぜ海外旅行する余裕があるのか／日本人より給料が高い人も
お金で買えないものがある／大人が雪合戦でもいいじゃないか

それは海老1個の値段だよ!／なぜ上海蟹の足を折るのか
日本の田園はどこが違うのか／「安心・安全」がウリになる
自宅でマグロ解体ショー／高野山の宿坊に泊まる
7県のラーメンをすべて当てた

第2章　刺身ほど安心な食べ物はない……67

今日、何食べる?／日本料理を半額に感じている
資生堂パーラーってタダ同然じゃん／なぜ高級店が好きなのか
なぜジンギスカンより海鮮なのか／なぜ「寿司はサーモン」なのか
刺身は「安心・安全」な料理だ／なぜ天ぷら屋に行かないのか
刺身にツマは必要ない／味千はどうして成功したのか
なぜ豚骨ラーメンばかりなのか／まさか蕎麦だけを食べるの?
おにぎりはストイックすぎる／そこまでご飯と一緒でなきゃダメ?
チンしなければ、おにぎりじゃない／日本の駅弁は「顔値が高い」
旅館のコース料理に不満はない／立食パーティでも座って食べる

食べ歩きしにくい雰囲気／許せるドロドロ、許せないドロドロ
なぜ「日式カレー」は受け入れられたのか

第3章 なぜ自撮りが大好きなのか

なぜ自撮りが大好きなのか…………119
台湾人ビジネスに学べ／日本パンサイトで人気ナンバーワン
5時間待ちの病院も／日本人医師なんて必要ない
スタートは一等地の路面店を／なぜユニクロが人気になったのか
無印良品「性冷淡」のライフスタイル／なぜドラッグストアが好きなのか
なぜウィーチャットを重視すべきなのか
「マツキヨ現象」は誰にも起こりうる／網紅は20代で何十億円稼ぐ
グリナザ効果で売上5倍に／うち以外はすべて偽物です
楽天の1年ぶんがたった1日で／なぜ贈り物に領収書を入れるのか
なぜ自撮りが好きなのか／金箔ソフトは顔値が高い
赤ワインで乾杯？／「柚子こころ」はなぜヒットしたか
温泉につかってお酒が飲みたい／部屋はタダでついてきた

宿泊代金はもっと高くてもいい／マイクロバスで夢を壊さないで
温泉だったら九州／日本人観光客の穴を埋めるには

第4章　なぜ専業主婦が増えているのか

なぜ専業主婦が増えているのか……175
なぜレンタル・ボーイフレンドか／富裕層は子供が2～3人
家政婦は2人いる／ママでなければ専業主婦じゃない
大学入試の直前は親も1カ月会社を休む／カナダ移民は子供のため
宿題を手伝わないほうが恥ずかしい／誰もがPTA役員になりたい
家を40軒もっている私に清き1票を
北京じゃ、こんな自慢はできない／英語なんか話せて当然
清華大学はアメリカ留学の予備門
インターナショナルスクールの登場／学費は日本より高い
日本人は英語教育に無関心すぎる
海帯族はなぜ生まれたのか／海亀族は自然とグループへ

第5章　上海人には餃子を出すな……………………………………213

言葉は通じないのが当たり前／お前も中国人といわれたって……
ビジネスに反日なんて関係ない
なぜ中国人は国内旅行しなかったのか
北京人は沖縄で、上海人・広州人は北海道？
なぜ九州に北京人が少ないのか／中国の京都人
なんでそんな田舎に行くんだ／上海はファッションの街
江蘇省・浙江省とセットで／日本語で話しかけられる街
タクシーに乗ったら政治の話／北漂はあるが、上漂・広漂はない
ワイルドな旅をする人が多い／「世界の工場」ならではの悩み
意地でも標準語を使わない理由／午前中はまだみんな寝てますよ
食事はゆっくり食べたい

企画・構成　丸本忠之

第　1　章

誰が「深度游」しているのか

東京なんか不便だから嫌！

まずこの章では、「日本を個人旅行する中国人って、いったいどんな人たちなの？」ということを考えたいと思います。どれぐらいの収入があって、どういう価値観をもっていて、どんな生活をしているのか。そして日本に何を求めているのか。

最近、上海では、こんなセリフを耳にする機会が増えています。

「東京やニューヨークに転勤？　無理無理無理。そんなの、絶対ありえない。だって上海ほど便利な街は、世界のどこにもないんだから」

私が暮らしていたころは、便利な街という印象はこれっぽっちもなかったのですが、ここ数年の変貌ぶりには、目をみはるばかりです。

社会が大きく変わった原因は、スマホです。スマホの普及ぶりは日本をはるかに超えます。博報堂の調査によると、上海・北京・広州では保有率95％以上だそうです（ちなみに東京は87％です）。もうほぼ全員がもっているレベルですね。

スマホの登場以降、中国の大都市は、日本より便利な社会に変貌しました。

大半の中国人は、GDPで追い抜いたからといって「日本を超えた」とは考えていません。むしろ海外旅行で日本を見て、「中国はまだまだ遅れているなあ」と痛感することばかりなのです。コンプレックスのほうが大きい。

しかし、部分的には「いや、中国のほうが進んでるぞ」と感じる分野も登場してきたということですね。

スマホがなければタクシーにも乗れない

特にキャッシュレス化についてはそうでしょう。訪日中国人に日本の印象を聞くと礼賛一色で、ほとんど不満の声を聞くことがないのですが、そんな彼らが口をそろえて指摘するのが、「いちいち現金で支払うのが面倒くさい」。なかには「原始時代に戻ったみたい」と表現した人もいました。

もちろん中国のキャッシュレス化も、ここ2～3年の話です。しかし、変化のスピードが驚くほど速かった。私もいま中国へ出張するときは、まったく現金をもち歩きません。レストラン、ホテル、タクシーから屋台まで、あらゆるところでウィーチャットペイ（微信支付）

やアリペイ（支付宝）などのスマホ決済システムが使える。物乞いがほどこしを受けるときもQRコードを置いてウィーチャットペイでやっているほどです。

中国にもお年玉（紅包）の習慣が残っていますが、面子を大切にする国ですから、大都市では最低でも1万円からの世界です。日本人のように5000円なんてことは考えられません。こうしたお年玉も最近はウィーチャットペイで送金されるため、新年を迎えた日は、すさまじい金額が動きます。2017年の春節でいえば、大晦日にあたる1月27日だけで460億件もの送金があったそうです。

スマホ決済が普及したため、無人商店も登場しています。無人のコンビニも、無人の衣料品店も、無人のスーパーもある。こういう分野では日本の先を行っています。

モバイクに代表されるシェアエコノミーも、日本より進んだ分野でしょう。スマホさえあれば、どこでも自転車をレンタルできて、どこでも乗り捨てられる。しかも激安です。モバイクの登場で、タクシー利用者が激減しているそうです。

利用者が減ったからタクシーを拾いやすくなったかといえば、それは逆。「金曜の夕方、上海で流しのタクシーをつかまえられたら奇跡だ」といわれるようになりました。誰もが配車アプリでタクシーを呼ぶので、空車に出会わないのです。

配車アプリで呼んだ場合、スマホ上で支払いが完結するので、タクシー会社としてもお釣りを用意する必要がない。利用者もタクシーを探す面倒がなくなる。双方にメリットがあるため、配車アプリは一気に普及しました。

逆にいえば、スマホをもたない人には厳しい社会だということです。ITにうとい老人や、ウィーチャットのアカウントをもたない外国人は、いまやタクシーに乗ることさえ至難のわざです。スマホが社会を劇的に変えたし、変わった社会が人々にスマホをもつように強要しているわけですね。

深夜に熱々のワンタンが届く

中国のキャッシュレス化やシェアエコノミーについては、日本でも報道されることが増えてきました。そこで、まだあまり紹介されていない「宅配ビジネス」について語っておきましょう。これもスマホの登場で一気に便利になった分野のひとつですが、本当にここ1～2年の変化です。

疲れきったビジネスウーマンが深夜1時に帰宅して、シャワーを浴びたあと、何か口に入れたい。そんなときスマホで注文すれば、熱々のワンタンが20分後には届く。たった200円程度のワンタンやお粥であっても、24時間いつでも、すぐに届けてくれる。そんな街は、たしかに中国以外に存在しないでしょう。

うちのスタッフも上海から東京に転勤になると、「どうしてデリバリーが発達してないの?」と不満を口にします。日本の出前はピザやハンバーガー、蕎麦やトンカツなど、種類が限られています。しかも、営業時間がすごく短い。

一方、中国ではいまや、どんな料理でもデリバリーしてくれます。日本料理でもイタリアンでもフレンチでも、何でもあります。上海名物の上海蟹まで届けてくれる。しかも、24時間営業です。

面白いものでは、火鍋があります。具材やスープはもちろん、食後用のガムや紙ナプキン、ウェットティッシュ、油が飛んだときのためのアルコールスプレーなどもセットになって、一人前100元(1元17円で計算して約1700円)程度。火鍋用の鍋をもっていない人には、10元(約170円)で鍋セットをレンタルしてくれます。

メキシコ料理の宅配。タコスは48元（約820円）、サラダは56元（約950円）。ドリンクは上からニンジン&オレンジ、アボカド&レモン、アボカド&レモン&ナシ

お昼のオフィスビルではライバルが鉢合わせすることも（左が餓了麼、右が美団外売）

手料理にこだわる人には、食材のデリバリーがあります。食材はすでに切ってあって、あとは火を通すだけ。調味料のショウガだって刻んでくれています。だから、料理3品とスープが、たった10分で食卓に並べられる。働く奥さんにとっては、こんなにありがたいデリバリーはありません。

日本で出前というと、そのお店の人が運んできます。一方、中国の場合、デリバリー専門の会社があって、飲食店はそこに配達を委託している。日本でいうバイク便に、複数の飲食店が配達を代行してもらっているイメージです。だから料理のバリエーションが比較にならないぐらい豊富なのです。

大手は3社あって、それぞれ赤青黄のバイクで配達しています。赤いバイクはテンセント（騰訊）が経営する「美団外売」。青いバイクはアリババ（阿里巴巴集団）が経営する「餓了麼（ウーラマ）」。黄色いバイクはバイドゥ（百度）の経営する「百度外売」。中国を代表するＩＴ企業3社が運営しているわけです。

大都市のどこでも赤青黄のバイクが走り回る姿を見かけますが、アリババが百度外売の買収を決めたので、いずれ赤と青の2強時代になるのかもしれません。

もちろん、これら以外にも、デリバリーの会社は無数にあります。それぞれにスマホのアプリを用意しており、注文はそれでやります。

たとえば餓了麼なら、2000都市で130万軒もの飲食店をカバーしているそうです（ユーザー数は2・6億人）。消費者としてはよりどりみどりです。しかも24時間対応なのです。この画面を見れば、「絶対に上海を離れたくない」という言葉にも納得がいきます。

スタバぐらい歩いて行けば？

デリバリーは食べ物だけではありません。「何でも屋さん」のデリバリーがあって、ものすごい人気になっています。

何でも屋さん系の大手「隣趣（リンチュー）」のアプリを見てみましょう。隣趣とは、あなたの隣にひかえているお手伝いさん、みたいな意味です。

トップページにメニューが並んでいて、買い物代行や家政婦の派遣、家電の掃除やバイク便などのサービスがあります。いますぐスマホの修理に来てくれたり、ペットを散歩させてくれたりもします。

注目は「万能排隊」といって、自分の代わりに行列に並んでくれるサービス。中国では役所や病院の窓口で何時間も並ぶのが普通です。だから、こういうサービスがウケる。予約を受けつけない人気レストランを利用したいときも便利です。1回60元（約1020円）ですから、時間のロスを考えると安い。中国ならではだと思います。

買い物代行も便利なサービスです。ブランド品のバーゲンへ代わりに行ってもらう。子供が熱を出したとき、風邪薬を買ってきてもらう……。いろんなシーンで使えますが、30分10元（約170円）ぐらいが相場です。

面白いのは、買い物代行の一種なのに、わざわざ「星巴克」という項目を用意していること。星巴克はスターバックスの中国語表記です。値段は高いものの、お洒落なイメージがあるため大都会の若者たちに人気です。このサービスは、自分の代わりにスタバに行って、コーヒーを買ってきてくれるというもの。これも30分10元。

うちの上海オフィスから歩いて5分ぐらいのところにスタバがあるのですが、若手社員たちは頻繁にこのサービスを利用しています。スタバの店舗で行列ができているのを見たことがないし、私としては不思議な行動に思えます。5分で行けるんだから、どうして自分で買いに行かないのか。

そうたずねると、「歩いて行くのが面倒くさい」とか「お昼どきのエレベーターは混んでるから嫌だ」とかいう返事。「じゃあ、階段を使えば」というと、「足が痛い」。私からすると「どこのお姫様だよ」という感じですが、これが普通の感覚になってきている。「安いんだから、利用すればいいじゃん」というノリです。

こうしたサービスをおこなう会社はたくさんあって、どんな要望にもこたえてくれます。火鍋のデリバリーを頼んでテーブルが汚れたから、今度は掃除に来てもらう。一人暮らしの女性の部屋でゴキブリが出たから、便利屋さんに退治してもらう。仕事で疲れて、駅から歩くのが嫌になったから、バイクで迎えにきてもらう……。

しかも、大金持ちだけが利用するのではなく、うちの若手社員のような、ごくごく普通の勤め人が利用している。これが現在の上海の風景なのです。

なぜプチ富裕層なのか

日本では、昔は出前をやっていた店も、出前をやめてしまったり、出前時間を短縮したりしています。サービス業は人手不足だし、人件費も高いから、そこまでケアしていられないということでしょう。

中国はまったく逆です。人手は余っているし、極端に安い賃金で働く人たちがいる。30分170円のサービスがあるということは、そこから斡旋者の取りぶんを引いた値段で働く人がいるということです。

日本よりも便利な社会は、彼らの存在抜きに成り立ちません。いわゆる「農民工」や、地方都市からの出稼ぎ者が、メガシティの繁栄をささえている。ここが日本社会との大きな違いだと思います。

中国のネットでもよく「田舎者はこれ以上、都会へ来るな。混雑して迷惑だ」「街を汚してるのは出稼ぎの連中だ」「マナーの悪い農民工は田舎へ帰れ」なんて罵詈雑言が書きこまれます。しかし、たいていは「彼らが消えたら、俺たちの豊かな生活が成り立たないじゃないか」という反論が出て幕引きになる。

中国社会の経済的格差は、日本人には想像できないレベルにあります。日本は世界でももっとも格差の小さな社会ですが、中国はものすごく格差の大きな社会。何兆円もの資産をもつ大富豪がいる一方で、まだ多くの国民は生きていくだけで精いっぱいの稼ぎしかありません。海外旅行なんて夢のまた夢です。

プロローグで、日本を個人旅行する層を、日本企業はターゲットにすべきだと書きました。大富豪は数が少ないうえ、欧米志向が強いためです。彼らは日本製品よりは欧米の高級ブランド品に関心を寄せます。「中流の国」日本で生み出された商品は、大富豪より少し下の層にアピールするのです。

では、そうした人たちを何と呼べばいいのか？　経済学者は「中間層」と呼びますが、感覚的には受け入れがたい。上中下と分けたとき、日本は中のボリュームが圧倒的だから、それでしっくりくるでしょう。でも、中国では下が大多数です。上位1割に入っているのに中間というのは、当事者の感覚としてはちょっと違う。

とはいえ、「富裕層」という手垢のついた言葉も使いたくありません。富裕層には厳密な定義がなく、年収150万円以上を富裕層と呼ぶ人もいれば、年収3000万円以上でないと富裕層と認めない人もいて、混乱をまねきます。しかも、とてつもない大富豪がいるのですから、彼ら自身、富裕層を名乗るのはおこがましい気持ちがある。

そこで、「プチ富裕層」という言葉を考えました。完全に実感ベースの造語です。決して富裕層だと大声で威張れる感じではない。本物の大富豪と比べたら蟻みたいにちっぽけな存在だと思う。だけれども、中国社会においては、明らかに豊かな層に属している自覚がある。上位1割には入っている――。そんなイメージです。

「ターゲットはたった1割？」とガッカリした方がおられるかもしれませんね。しかし、その1割だけでも、日本の全人口より多いことを忘れてはいけません。

コーヒーよりカプチーノ

雑誌『行楽』は、まさにプチ富裕層をメインターゲットにしています。読者のプロフィールを見ると、平均年齢32・7歳で、平均世帯収入870万円。上海・北京・広州などの大都市は物価が高いため、世帯収入500万円はないと、それなりの生活はできません。それ以下では生活が厳しいし、海外旅行も無理です。

一方、世帯収入2000万円を超えると、さすがに富裕層と呼ばざるをえない。そこで世帯収入500万〜2000万円ぐらいの人をプチ富裕層とイメージしています。

もちろん、いくらお金があっても、必ず日本製品を買うとはいえません。無印良品のファンになる人は、「ＭＵＪＩという文化」を買っているわけで、60代の中国人がそういう行動をとるとは思えない。

だから、単に収入だけでプチ富裕層を決めるのでなく、価値観やライフスタイルまで含めた用語だと思ってください。「ブレンドコーヒーを頼むより、カプチーノを頼むほうがお洒落じゃない？」と考える消費者が中国にも増えています。そういう新しい感覚の持ち主だからこそ、日本で「深度游」するのです。

そういう意味で、新しい消費スタイルになじんだ20代～40代の人たちをプチ富裕層としてイメージしています。

日本の方も「八〇後（パーリンホウ）（１９８０年代生まれ）」という言葉はメディアで目にされたことがあると思います。単に１９８０年代に生まれたというだけでなく、豊かな時代しか知らない新人類といったニュアンスも含んだ言葉です。それでいえば、七〇後（チーリンホウ）、八〇後、九〇後（ジウリンホウ）あたりがプチ富裕層です。

日本政府観光局のデータで、２０１６年に日本をおとずれた中国人を年齢別に見ると、20

代～40代がもっとも多い。男性では8割、女性では8・5割を占めています。まさにプチ富裕層の年代が訪日中国人の多数派なのです。

金持ちでないとマルチビザはとれない

ビザが大幅緩和されたため、中国人にとって日本はもっとも行きやすい国のひとつになりました。海外旅行先としては、タイに次いで2位まで上がってきた。以前は近くても高嶺（たかね）の花だった国が、急に身近になりました。

そうはいっても、ビザの発給要件があるので、誰でもというわけにはいきません。外務省は発給要件を公開していませんし、都市によっても違うのですが、中国の旅行業界では、これぐらいが暗黙の数値として意識されているようです。

・団体旅行ビザ：10万元（約170万円）の貯金証明
・個人旅行ビザ：10万元の貯金証明に加え、年収10万元の納税証明
・3年マルチビザ：10万元の貯金証明に加え、年収20万元（約340万円）の納税証明

・5年マルチビザ：年収50万元（約８５０万円）の納税証明

中国の日本大使館・領事館はビザを直接発行せず、旅行代理店経由で発行する決まりになっています。だからマルチビザ（たとえば3年マルチビザなら、滞在期間30日以内であれば何度でも入国できる）をとらないかぎり、毎回、旅行代理店でいろんな証明書を出す必要がある。マルチビザのほうが圧倒的に便利です。

とはいえ、マルチビザになるほど厳密に審査されます。なんでも偽物が出まわる中国にあっても、納税証明だけは偽造できない。５年マルチビザで何度も日本をおとずれる人は、かなりのお金持ちだと考えていいでしょう。

なぜ海外旅行する余裕があるのか

『行楽』読者が日本滞在中につかうお金は、平均36万円。一人当たりです。世帯収入８７０万円ということを考えれば、かなり多いと感じられるでしょう。でも、その資産を見れば納得がいくと思います。総資産額が平均1億２０００万円もあるのです。

中国ではこの10〜20年、地価と株価がすさまじい値上がりを見せています。いま30代〜40代の人はこの恩恵に浴している。ごく普通の勤め人であっても、10年前にローンを組んで家を1軒買っておけば、その値段は何倍にもなっています。だから1年間に何度も海外旅行する余裕があるわけです。

所得についていえば、中国国内でも地域によって、ものすごい格差があります。2016年の平均所得（給料から社会保険料と税金を差し引いたもの）を見ると、1位の上海市は54305元（約92万3000円）、2位は北京市で52530元（約89万3000円）。一方、最下位は甘粛省の臨夏市で9472元（約16万1000円）、次は雲南省怒江州で9785元（約16万6000円）。

あくまで平均だというのに、トップと最下位で5・7倍もの差があります。しかも、プチ富裕層の所得は、平均所得より大きく上にはみ出してしまっています。これが「彼らを中間層とは呼びにくい」と書いた理由です。

上海、北京、広州といった大都市は、先に豊かになった地域です。中国国内には、まだ不動産バブルが起こっていない地域が山ほどある。つまり、資産で見ても所得で見ても、大都市のほうが圧倒的に豊かだということです。

『行楽』読者の大半は上海をはじめとする大都市の人々ですし、プチ富裕層が暮らしているのも大都市と考えていいでしょう。

日本人より給料が高い人も

かつての貧しい中国人のイメージをなかなか捨てきれない日本人は多いと思いますが、長く続くインフレも手伝って、所得水準はグングン上がっています。

国民全員が豊かになるにはまだまだ時間がかかるでしょうが、こと大企業に関するかぎり、日本企業との差は昔ほどなくなっています。逆に日本人よりたくさん給料をもらっている中国人サラリーマンも少なくないのです。

2017年夏、中国の通信機器メーカー「ファーウェイ(華為技術)」が日本進出に際し、初任給を40万円以上に設定して話題を呼びました。

ファーウェイやアリババは給料の高い会社として有名です。新卒でも500万~600万円はもらえる。30代で2000万~3000万円という人までいます(寝ている以外の時間をすべて仕事にささげるような、一部のエリート社員の話ですが）。

中国では「ＢＡＴ」と呼びますが、バイドゥ、アリババ、テンセントが、中国を代表するＩＴ企業。この3社間では、人材引き抜きも盛んです。引き抜くときには数字を提示するのでなく、「前の職場の何倍」といった形で決めるケースもある。当然、給料はどんどん上がっていきます。

一方、中国に進出している日系企業がかつてほど大学生の人気を集めないのは、むしろ給料が安いイメージがあるからです。

昇給だって遅い。年間４０００円のベースアップのために、東京の本社で稟議が必要だったりします。中国企業では年間10％の昇給がデフォルトで、優秀な社員だと20〜30％の昇給も珍しくありません。初任給が変わらない水準だとしても、年を追うごとに差がついていきます。

10年ぐらい前まで、外資系企業は輝ける存在でした。誰もがそこに就職したいと願った。ところが、いまでは中国企業のほうが人気です。学生は外資系企業ではなく、バイドゥ、アリババ、テンセント、ファーウェイといった新興企業に殺到している。

じつは国有企業の人気も復活しています。この15年ほどで出てきた言葉に「央企（ヤンチー）」があります。中央企業の略です。国有企業のなかでも大手の企業のことで、１１２社しかありません。お父さんが央企につとめていたら、子供は鼻たかだかです。

かつては「親方日の丸」体質を批判された国有企業が、イメージを逆転してしまった。政府主導で合併をかさねるなどして、世界有数の規模になった企業も多いからです。世界の企業ランキングには、央企がいくつも入っています。給料は高く、福利厚生もいいので、いまや大学生の憧れの的です。

もちろん、日本人より給料が高いのは、ごく一部のエリートたちの話です（一部といっても人口が多いぶん、数はものすごいでしょうが）。平均で見れば、中国の大都市に住む人の給料は、まだ日本人より少ない。それでも、かつてはあおぎ見るようにしていたのが、いまは「さほど変わらないな」という実感になってきていると思います。

お金で買えないものがある

大都市にはお洒落なお店も増えました。上海や北京には、ミシュランで星のついたフレン

コンサートなどで使われるメルセデス・ベンツアリーナは、ＵＦＯが舞い降りたよう

チ、イタリアンもあります。カフェは町中で見つかりますし、アフタヌーンティーも流行中です。どんどん日本と差がなくなっている。

高層ビルの数でも負けていません。奇抜なデザインの最先端ビルでは、中国のほうが多いぐらいでしょう。カバーで使用した写真に、ひときわ高いビルが写っていますが、２０１６年に完工した上海センタービルです。らせん状にのびる超高層ビルで、高さは６３２メートル。ドバイのブルジュ・ハリファに次いで世界2位の高さです。

高級ブランド品をあつかうショッピングモールも次々とオープンしていますが、これに関しては、明らかに中国のほうが立派です。

東京よりも便利な街に住み、給料も日本人とさほど変わらず、消費生活も楽しめる。ほんの10年前まで、日本でウォシュレットを見て腰を抜かした中国人ですが、いまやそんなサプライズはほぼありません。高層ビルだらけの上海からやってきて、ニューヨークの摩天楼や東京の新宿副都心に感激するはずがない。

では、どうして中国人はこんなにも日本にやってくるのでしょうか？

ここがもっとも重要なポイントです。中国ではどんなにお金を出しても買えないものが、日本には「フツーにある」からなのです。

たとえば北京はＰＭ２・５で有名です。特に石炭を燃やして暖房を入れる冬場になると、少し先も見えないほどのスモッグにおおわれる。そんな街からやってくると、日本の空気の良さは感激ものです。

これは飛行機に乗っているときから明白で、窓の外の風景が違うのです。地上の風景があまりにクリアに見えることに、まず中国人は驚きます。日本人は知らないでしょうが、じつは着陸前から撮影大会は始まっています。

中国の大都市で星空が見えなくなって久しいですが、東京ではよく見えることにも驚きます。星空を見るためだけに長野県の阿智村に押しかける中国人もいるぐらいです。阿智村は2006年に環境省が「星空が最も輝いて見える場所」第1位に選定した村で、中国でもけっこう知られているんです。

東京や大阪では夜まで買い物や食事に大忙しで、空を見上げる余裕もないでしょうが、地方の温泉に出かけたときなど、露天風呂で自然と空を見上げます。

「もうビックリした。えーっ。空にはこんなに星があったのって。いまさらなんだけど、すごい大発見した感じ」

そんな感想を、何人もの中国人から聞いています。

海だってそうです。驚かれるかもしれませんが、上海には海を見たことがない人が大勢います。市といっても群馬県ぐらいの大きさがあるので、内陸の人は海に縁のない生活をしている。

さらにいえば、海を見たことがある人でも、青い海は見たことがありません。上海は外洋に面してはいるのですが、長江の河口にあるため、流されてきた土砂のせいで海の色が茶色なのです。船で数時間、沖に出ないかぎり、海の色は青くなりません。だから、日本で青い

大人だって雪遊びだけで楽しめる。なんでもない雪景色も、日本の観光資源なのだ

海を見て大感激する。

大人が雪合戦でもいいじゃないか

広州など、中国の南方では雪が降りません。だから、雪を見るだけで感激します。北海道の観光関係者が驚いていました。

「広州から来たお客さんは、バスから降りた瞬間、雪の上でゴロンゴロンと転がって、はしゃいでる。それだけで満足みたい。べつにスキーとかやらなくてもいいんですねえ」

その通りです。雪景色のなかにいるだけで楽しいのです。日本人にとっては当たり前の風景でも、広州にはないのですから。

どんなに大金持ちの北京人も、きれいな星

空を買うことはできません。どんなに大金持ちの上海人も、青い海を買うことはできません。どんなに大金持ちの広州人も、雪景色を買うことはできません。

日本人にとっては当たり前の風景が、中国人にはとてつもなく魅力的に見える。そのままの日本を体験するだけで癒やしになる。日本のインバウンド関係者と話していて、意外と見落とされているポイントではないかと思います。

インバウンド関係者は、足し算で考えがちです。たとえばスキー場の経営者なら、コースを何本増やすか、リフトをどんな立派なものにするかと発想する。もちろん、それも重要なことではあるのですが、スキーをたしなむ中国人の数は少ない。大半の中国人にとっては「雪を体験する」意味のほうが大きいのです。

ならば、雪の上でのゴロンゴロンをもっと楽しめるようにする。大の大人が「そり遊び」や雪合戦でもいいじゃないですか。お客様の満足度を上げるように、雪遊びをエンターテインメント化する。そちらに知恵をしぼるべきだと思うのです。

いまの子はともかく、40代以上の中国人はキャンプの経験もハイキングの経験もありません。日本みたいに林間学校などありませんから。自然のなかで寝起きして、アウトドアで食事をする。そんなフツーのことだって、この世代には新鮮なのです。雪を見た大人がはしゃく気持ちが、私にはよくわかります。

それは海老1個の値段だよ！

日本人にとっては当たり前のことが観光資源になりうる――。この点をもう少し掘り下げましょう。当たり前だからこそ、逆に日本人には気づきにくいと思うからです。

沖縄に中国人観光客が押しかけているというニュースをご覧になった方も多いと思います。もちろん、理由があります。

ひとつの原因は、マルチビザの発給要件です。1回目の訪日で沖縄または東北6県（青森県、岩手県、宮城県、秋田県、山形県、福島県）のどこかに宿泊すれば、2回目以降はどこに行くのも自由というマルチビザが登場しました。中国人は東北地方をよく知らないので、多くの人は沖縄を選びます。

中国のホテルでは「オーシャンビュー」とつくだけで、部屋の値段が高くなります。それだけ青い海への憧れが強い。世界一美しい沖縄の海を中国人が選ぶのも、当然といえば当然でしょう。

日本では、内陸県の長野県や埼玉県であっても、車で2~3時間も走れば海に出られます。家族で旅行に行くこともあれば、修学旅行で行くこともある。小さいときから海は身近な存在です。

しかし、広大な中国では、内陸部から海に出るまで列車で何日もかかります。内陸部の人たちはつい最近まで、一度も海を見ないまま一生を終えたのです。中国国内旅行がポピュラーになったのは、この20年のことですから。彼らにとっては、海を見ることが旅の目的になりうるわけです。

じつは中国にも有名なリゾート地があります。海南島の三亜。日本では知られていないかもしれませんが、「アジアのハワイ」の呼び名もある世界屈指のリゾート地です。

三亜にはリッツ・カールトンやマリオット、ヒルトンといった五つ星ホテルがなんと50軒以上も立ち並んでいます。五つ星ホテルの数はもちろん中国一ですし、おそらく世界のどこにもここまで密集した場所はないと思います。

少し前まで中国の富裕層は、青い海を見るために三亜へ殺到していました。ホテルの部屋代はものすごく高く、春節の時期は1泊1万元（約17万円）も珍しくありませんでした。高級リゾート地の最たるものですよね。しかし、いまや沖縄やヨーロッパのリゾート地に人気を奪われています。

三亜が敬遠された理由のひとつは不明朗会計。中国の地方に行くと悩まされる問題ですが、タクシーで辺鄙（へんぴ）な場所に連れていかれて、法外な料金を求められたりする。レストランに入っても、安心して食事ができません。1皿15元（約260円）だと思ってホタテの蒸しものを注文したら、ホタテ1個15元だった、という事件が三亜で起きています。

似た話でもっとも有名なのが、青島のレストランであった事件。海老の炒めもの38元（約650円）を頼んだら、清算時になって1520元（約2万6000円）を請求される。ここで文句をいうと……。

「あんた、いいがかりつけるのか。ちゃんとメニューを見たのかよ。38元というのは海老1個の値段だよ。40個入ってたから1520元だ」

平然といい返される。冗談なような実話ですが、こういう出来事が普通にある。

なぜ上海蟹の足を折るのか

中国人の悩みは、隣人を信用できないことです。私も子供のころ、「ものを買うときは、必ずその場で箱を空けて中身を確認しろ」と親からしつけられました。中身がすり替わっていることがあるからです。

現在だって、たとえば上海蟹を食べるときは、客が足を折って目印をつけておくのが慣習です。お客さんには立派な蟹を見せておき、厨房で別の蟹をゆでる。そんなことがおこなわれてきたからです。そこで自分が選んだ蟹だと確認できるよう、足の1本を折っておくわけですね。

だまされる心配があったのでは、中国国内を旅行しても、なかなかリラックスして楽しめない。

そういう意味で、中国人にとって沖縄は安心できる場所なのです。日本人は人をだまさない――。これは信仰に近いレベルまで中国人に浸透しています。たとえ言葉が通じなくても、言葉の通じる三亜よりリラックスできます。

ぼったくりがない。明朗会計でやる。日本人にとっては当たり前の話でしょうが、こんなことが中国人にとっては大きな魅力になっています。日本人にとっての「フツー」が、大きな観光資源になっているわけです。

しかし、そこを理解していない観光関係者は、日本人を相手にする感覚で、中国人に宣伝します。琉球独自の文化や料理をＰＲしようとするのですね。

たしかに琉球の文化や歴史は本島とはずいぶん違って、魅力的です。しかし、広大な中国にはさまざまな文化があります。北京の人から見た沖縄の文化は、福建省の文化とさほど変わらないように見える。中国国内にある文化差は、日本本土と沖縄の差みたいなレベルではないのです。

食事にしたって同様です。ラフテー（豚の角煮）は、中国では珍しいものではないし、ゴーヤチャンプルのように派手さのない料理は、「そのために沖縄へ行こうか」と思わせる訴求力をもっていません。日本人観光客と同じようには魅力を感じてくれないのです。

相手がピンとこないとしたら、お金をかけて宣伝する意味がありません。中国人にちゃんと伝わるよう、こうアピールすべきでしょう。

「三亜より自然がそのまま残っていて、海ははるかに美しいんです。それなのに三亜よりずっと安い。飛行機に乗る時間は変わりません。なにより魅力的なのが、だまされる心配がないこと。滞在中、ずっとリラックスしてすごせますよ」

明朗会計がウリになる。日本人にとっては「まさか」の展開でしょうが、実際そこに魅力を感じるから、日本をおとずれる中国人が増えているのです。プチ富裕層は癒やしを求めて日本にやってきます。「だまされるんじゃないか？」と身がまえるストレスから解放されるだけで、十分に魅力的です。

ちなみに2018年初頭にも、面白い騒動がありました。ある雑誌が「（中国の）東北部に行けるのは金持ちだけ。貧乏人は北海道に行くしかない」と書いて、ネットで炎上。中国のNHKというべきCCTV（中国中央電視台）ネットでも取り上げられました。

政府は不法ビジネスの摘発に尽力しており、三亜は一時よりずいぶん安全になりました。いま悪名高いのは東北部なのです。ぼったくりにあう可能性があるから、お金に余裕のある人しか旅行できない。一方、日本ではそういうことが起きないので、安心して旅行できる。そんなイメージは定着しています。

日本の田園はどこが違うのか

「そのままの状態で魅力的なら、努力は必要ないじゃないか」といわれそうですが、まずは相手の目にどう映っているかを知る。効果的なＰＲ策も改善策も、そこからしか生まれてきません。

ごくフツーの田園風景だって同じです。それだけで中国人の心を打つ。

私は１９７０年代生まれですが、当時は修学旅行がありませんでした。国内旅行自体が一般的ではなかった。でも、さほど悔しさはありませんでした。私のように上海に生まれ育った人間にとって、当時の地方は衛生条件も悪いし、トイレも汚いし、なるべくなら行きたくない場所だったからです。

当時、中国の農村というのは、貧しさの代名詞のような存在でした。旅行の対象になる場所ではなかった。いまはだいぶ改善されてきたとはいえ、そういうイメージはまだ残っていると思います。

だから中国人は日本の農村を見ると、「どうしてこんなに美しいんだ！」と腰を抜かすほど驚くのです。ゴミひとつ落ちていないし、立派な建物が立っていて、道路も舗装されている。田畑は機械で耕すし、なにより農家の人が自家用車をもっている。ウィーチャットは驚きのコメントで満ちています。

中国人のもっている農村のイメージに当てはまらないものが、日本の農村にはあるということです。だから、わざわざ農村風景ばかり見にいく個人旅行者もいます。

『行楽』読者の一人など、鳥取県の田舎をおとずれたとき、感激のあまり別荘を衝動買いしてしまいました。何百万円の別荘だったようです。この人はプチ富裕層というよりは富裕層に分類される人ですが、プチ富裕層でも日本の田舎でセカンドハウスを買う人は徐々に増えています。

じつは鳥取県は中国では意外と有名です。向こうでも大人気の『名探偵コナン』の出身地だからです。そういう関心から入ってきても、ごくフツーの田園風景のほうに心を奪われる人も少なくないわけですね。

福島県の奥会津のイベントを、上海で開催したことがあります。50人ぐらい集まりましたが、なかの一人がすぐに訪日し、只見線に乗って旅行したそうです。「窓から見える景色に

『行楽』主催の福島県・奥会津ツアー。慣れない正座で「郷に入れば郷に従う」

感激した」と、延々と書きつづってくれました。

彼女は単に鉄道に乗って、車窓の風景をながめただけです。行楽客が殺到する紅葉のシーズンでもありません。それでも、「みんなも絶対、見にくるべきだ」といわせる。日本人が自覚していないだけで、観光資源は無限にあるのだと思います。

「安心・安全」がウリになる

私は北京の大学を出て、上海の旅行代理店に1年間つとめたあと、早稲田大学に留学しました。大学院の修士課程を終えて、日本で就職。外資系広告会社や出版社で6年間働きました。近場の旅行はそこそこやりましたが、当時は時間に余裕もなかったし、遠くまで足を運ぶことはありませんでした。

２００６年に夫の上海転勤が決まったので会社を辞め、故郷へ。そして２００７年、初めて北海道を旅行しました。

まだ小さかった長男を連れての３人旅です。１週間ほどの旅行でしたが、トマムには３泊したと思います。ロングステイというものを体験してみたかったのです（３泊でロングステイを名乗るのもおこがましいですが）。

当時の中国人の海外旅行は、アジアやヨーロッパを駆け足で回るようなものばかりでした。でも、私は日本勤めの経験があったので、日本人がハワイに行くときは１カ所にロングステイすることを知っていました。そんな旅をしてみたかったのです。

北海道の大自然や田園風景には感動しました。同じような大自然は中国にも、内モンゴルや新疆にはあるのですが、赤ちゃん連れでも安心して泊まれるような環境が、当時は整っていませんでした。「安心・安全」がない以上、子供連れの中国国内旅行という選択肢はありません。

家族連れで旅行なんて当たり前じゃん――。そう考えるのは日本人の感覚です。日本人にとって「フツーのこと」が観光資源になるのです。実際、私は北海道の観光ソフト・ハードに大感激したのですから。

もちろんヨーロッパにはそういう場所があるでしょうが、なにしろ日本は近い。上海から北海道まで3時間です。大自然と清潔な宿泊施設があって、海鮮もおいしい。家族連れでも安心。これで人気が出ないはずがない。こうした場所を個人旅行するのが、これからの中国人の旅のスタイルになるんじゃないか？

そう思ったものの、当時はまだ団体旅行しか認められていません。北海道を舞台にした中国映画『狙った恋の落とし方』が2008年に大ヒットし、多くの中国人が北海道へ押しかけてはいましたが、まだ個人旅行はできなかった。

しかし、2009年、ついに個人旅行が解禁されます。そこで立ち上げたのが、北海道への個人旅行に特化した雑誌『道中人』です。さらに2011年には九州への個人旅行に特化した雑誌『南国風』も立ち上げます。これらを2013年に合冊したのが雑誌『行楽』なのです。

『道中人』や『南国風』はビジネスというより、趣味の世界でした。なにしろまだ何千人し

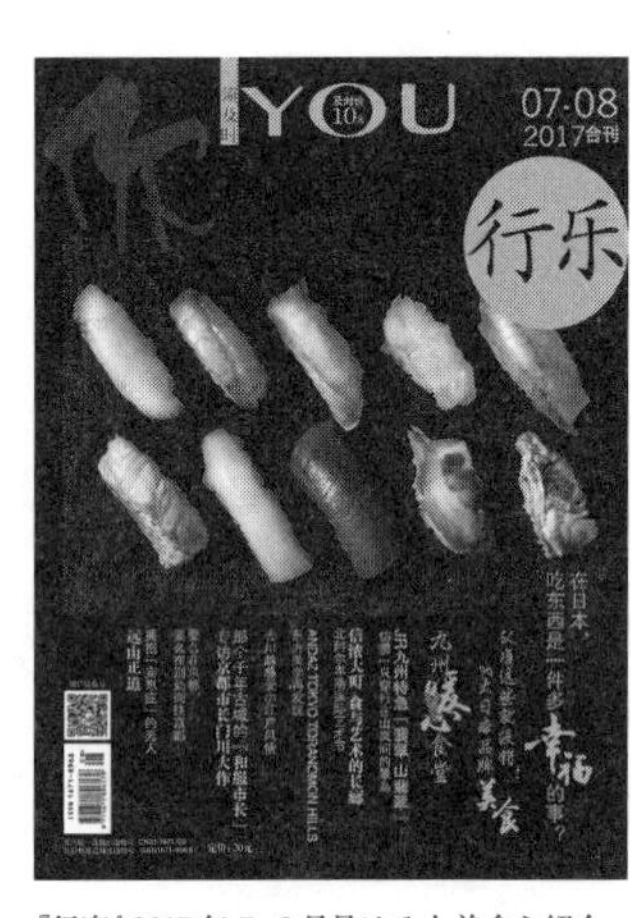

『行楽』2017年7・8月号は八大美食を紹介

かターゲットがいないようなニッチなジャンルでしたから、少数の読者に向けて郵送していた。出版ライセンスをとって書店売りするようになったのは『行楽』からです。『行楽』は月刊誌としてスタートし、２０１５年からは隔月誌に。モバイルを中心としたネットでの発信に足場を移しつつあるので、２０１８年からは季刊誌になります。

自宅でマグロ解体ショー

中国の大富豪たちは、ビックリするようなお金のつかい方をします。たとえば沖縄の高級旅館では、40代の女性経営者が1泊80万円で離れを借り切ったそうです。６人泊まれる部屋です。１週間滞在したので、それだけで５６０万円の売上です。さらに彼女はシェフを呼んできて、毎晩、盛大なパーティをやる。合計で１０００万円を超える売上になったといいます。

この10年、中国人セレブのあいだではホームパーティが流行っています。お抱え料理人に豪華料理を作らせるなんて当たり前すぎます。面子を重視する中国人は、他人と違うことをやらないと気がすまない。

そこで巨大水槽を用意して、生きたマグロを泳がせ、日本人料理人に「解体ショー」をやらせた人がいます。50代の貿易会社社長です。自宅でマグロ解体ショーなんて、聞いたことがありませんよね。

富裕層にはプライベートジェットで旅をする人もいます。50代の投資家が日本に来たとき、「安い。安い」と、夢中でゴルフウェアを数百枚も買いこんだ。ところが、ものすごい荷物になってしまい、プライベートジェットに乗せきれない。仕方なく航空便で送ったそうです。みんなスケールがでかい。

こういう大富豪からよく聞かれるのは、「夏休みに子供にゴルフレッスンやらせたいんだけど、日本にそういうコースはない？」とか「子供を馬に乗せたいんだけど、短期レッスンしてくれる馬術学校はない？」とかいうこと。

彼らにとって、近場の日本ですませられたら便利なわけです。ところが、日本にはこうした富裕層向けのサービスが非常に少ない。結局はイギリスやオーストラリアにお客さんをとられることになります。

この本の主題とはズレますが、こうした富裕層向けサービスについても、日本は充実させていくべきだと思います。

高野山の宿坊に泊まる

一方で、成金趣味ではない旅をする人も増えています。特にプチ富裕層には「深度游」する人が多いのです。

『行楽』で企画したものだと、高野山での修行体験ツアー。宿坊に泊まり、早朝からのおつとめを果たします。書経をやって、瞑想をやる。粗末な食事をいただく。マグロ解体ショーとは対照的な「引き算」の世界です。

龍神温泉での懐石料理や、最終日の大阪リッツ・カールトン宿泊も含めてですが、4泊5日で1万5000元（約25万5000円）。普通の3倍もする料金設定です。それでもみな

高野山の修行体験ツアー。宿坊に泊まり、写経にも熱心に取り組んだ

さん、大満足して帰られました。

北海道の民宿に泊まりこんで農業体験をされた男性経営者もいます。普段は体を動かすこともないので、「朝6時に起きて、いきなり畑仕事をするのが、ものすごく気持ちよかった」といっていました。不便を味わうことも旅の醍醐味になるなんて、かなり成熟してきた感があります。

東京・清澄白河のカフェめぐりも好評でした。中国にもお洒落なカフェが増えてきましたが、まだ厚みでは日本にかなわない。そこでブルーボトル1号店など、お洒落なカフェが集中している清澄白河でツアーをやったのです。「カフェの聖地」というべき場所をおとずれて、みなさん感激の様子でした。

東京・代官山の蔦屋書店が訪日中国人の聖地になっているように、お洒落な書店も注目のテーマです。中国でも個性的な書店が徐々に増えています。

そこで、銀座の森岡書店のツアーをやりました。1週間に1種類の本しか売らないカリスマ書店です。このときは店主の森岡督行さんと話が盛り上がり、骨董市に連れていっていただきました。

表参道の有名美容室で髪をセットしてもらったり、着物で日本橋をブラブラする企画（コレド日本橋との共催）も大好評でした。とにかく深く日本を知りたい。あちこち走り回らない旅行です。

もちろん、私たちのツアーはきっかけにすぎません。その後、日本の個性的な本屋ばかり回る読者が出てきています。

屋久島を中国で最初に取り上げたのも、最初にツアーを組んだのも、うちの雑誌だと思いますが、そのあと、中国人の個人旅行者はドッと増えています。いまや上海の旅行会社でも二ケタぐらいは屋久島旅行をあつかっています。

奄美大島のカツオをすり身にしたハンバーガーを紹介したときは、それを食べるためだけに男性読者が来日しました。「このあと、どこ行くの？」「食べたら帰ります」という会話になり、さすがにお店の人も絶句したそうです。

まだ中国人の深度游は始まったばかりで、日本人の深度游ほど深まってはいません。日本では1泊10万円の宿に泊まる富裕層でも、屋台や町の食堂で食べたりしますよね。でも、中国人はまだB級グルメを理解するところまではいっていない。食に関しては、誰もが高い値段のものを食べたがる。

観光にしても、たとえば東京・武蔵小山商店街をブラブラして「昭和レトロを味わう」といった企画は難しいと思います。カフェや本屋など最先端でないと、なかなか関心が向けられない。でも、ここまでの変化のスピードを考えれば、すぐそれが理解されるようになると予想します。

7県のラーメンをすべて当てた

『行楽』は日本でも読者イベントをやりますが、基本的には中国でやっています。

夏祭りでは、マイ浴衣で登場した中国人読者も

上海の日本料理店「赤坂うまや」を会場にした２０１７年の夏祭りイベントなど、チケット発売から3日間で完売しました。屋台では、焼き鳥、九州料理の駅弁、かき氷などを売ります。お寿司の握り方教室や浴衣の着付け教室もあります。もちろん金魚すくいや射的（しゃてき）も出ます。

上海の百貨店でも夏祭りのイベントはやるのですが、基本的にみんな無料です。うちのイベントは１２８元（約２２００円）もとっているのに、２００人ぶんのチケットがすぐ売れる。ここまで日本への関心が高いのかと驚かされます。ちなみに、このときは20～30人もの中国人女性が「マイ浴衣」で出席されました。

２０１７年の秋に、上海の森ビルで九州ラーメンのイベントをやりました。スポンサーは九州観光推進機構とＪＲ九州。45人ぐらいの小さなイベントですが、まず驚いたのは、九州全県に行ったことのある人が５人もいたことです。

さらに、驚きの展開が待っていました。九州７県のラーメンを食べ比べてもらい、どこの県のものか当てるクイズ。スポンサーをはじめ、私たち主催者も「そんなの当たりっこない」と考え、賞品は７つしか用意していませんでした。ところが、20名が全問正解してしまったのです。唖然としました。

おそらく45人のうち半分以上は、すでに九州を旅したことがあるのだと思います。とにかく日本が気に入ってリピーターになる人が多い。

日本のお出汁を紹介するイベントのとき、読者が「このお出汁おいしいですね」とおっしゃるので、軽い気持ちで「どういうところがおいしいですか？」と聞いたのです。すると、こんな答えが返ってきました。

「このお出汁は絶対に羅臼（らうす）昆布を使っていますね。香りがしっかり伝わってきます。鰹節はたぶん鹿児島あたりのものじゃないかな。そこへカボスの搾り汁を入れてるんでしょう。両者がすごくマッチして……」

私ですら知らないことを、この人はスラスラいい当ててしまった。衝撃を受けました。ひとくち飲むだけでここまでわかる人が、日本人でもどれだけいるでしょうか。

日本人が想像している以上に、日本のことを愛してやまない、そして深く理解している中国人は少なくないのです。

第　2　章

刺身ほど安心な食べ物はない

今日、何食べる？

中国語の「こんにちは」が「你好（ニーハオ）」であることは、日本の方もご存じだと思います。じつは「你好」よりもよく使われる挨拶があります。「你吃飯了嗎（ニーチーファンラマ）」です。「ご飯は食べましたか」という意味ですが、それが「こんにちは」に転化してしまっている。それぐらい中国人は食を大切にしています。

もちろん世界中の人が「日本の食」に魅力を感じて訪日するのでしょうが、中国人ほど楽しみにしている国民はいません。そこで本章では、食の話題をあつかいたいと思います。日本の魅力をアップさせる最大の武器だからです。

私が上海の旅行会社を辞めて日本に留学したのは1997年。外国語大学で日本語を学んでいますし、会社員時代も訪中された日本人をご案内していた。この時点で日本語はそれなりにできたのです。それでも、日本に来てとまどう経験はありました。大学のキャンパスで日本人の友達からこう聞かれたときです。

「袁さん、今日、何食べる？」

いまなら理解できます。和食にするか、フレンチにするか、イタリアンにするか。それともタイ料理みたいなエスニック系なのか、スペイン料理なのかインド料理なのか……。そういう質問でしょう。

でも、当時の私は、何を答えたらいいのか、まったくわかりませんでした。日本語の意味は理解できるのですが、中国にはそういう聞き方が存在しなかったからです。友達から説明されて、「日本にはそんなにいろんな選択肢があるのか」と、大きなカルチャーショックを受けました。

当時の中国には中華料理しかありませんでした。外国人や富裕層向けの高級外国料理はあったのでしょうが、少なくとも私のような20代の会社員や一般庶民にとって、「どこの国の料理を食べる」という発想自体がなかった。

もちろん「何食べる?」という中国語はありますが、野菜の炒めものにするのか、海老の蒸しものにするのかみたいに、メニューのなかから何を選ぶかという意味の質問です。お店に入ったあとで口にする言葉であって、お店の外で聞くような質問ではない。だから、キャンパスで「何食べる?」と聞かれて、呆然としたわけです。

あれから20年。上海はどんな国の料理でも食べられる街に変わりました。隔世の感があります。いまの上海っ子たちはどこでも普通に「今日、何食べる?」という会話を交わしています。

区分けとしては、フレンチやイタリアンをひとくくりにして西洋料理と呼びます。だから、「何食べる?」と聞かれたときは、中華、和食、西洋料理の3択になります。奇しくも日本の「和洋中」という分類とまったく同じですね。

日本人が想像する以上に、日本料理は上海人に浸透しています。よっぽど格好をつけた本格的な会食でもないかぎり、高級レストランに行くならフレンチでなく日本料理、という人が多いのです。

たこ焼き屋さんまで含めると、上海には3000軒もの日本料理店があるといいます。白木屋や和民のような居酒屋さんもあれば、本格的な懐石料理の店もある。ただ、日本料理のなかでは安い居酒屋でも、中国の平均的なお店と比べると割高です。日本料理というのはハレの日にちょっと贅沢して食べる存在。日本人がフレンチのお店に行くような感覚で、中国人は日本料理を食べに出かけています。

日本料理を半額に感じている

中国には安い商品も、安い飲食店も山のようにあります。しかし、高級品に関しては非常に値段が高いことで有名です。欧米のブランド品を買うなら日本のほうが安いし、高級な外国料理を食べるなら日本のほうが安い。

訪日中国人の誰もが口にするのは「日本のミシュランは安い！」ということです。ミシュランで星がつくような高級店は、上海より全然安くてお得だと。

たとえば、上海のラトリエ・ドゥ・ジョエル・ロブション。ラトリエはロブションのカジュアル版ですが、日本では1万円以内でコースが食べられます。ところが上海ではコース1500元（約2万6000円）ぐらいで、サービス料やドリンク代を入れると、一人2000元（約3万4000円）は確実にかかります。

「上海でカジュアル版のロブションに行くお金があれば、東京で最高峰のロブション（ガストロノミー〝ジョエル・ロブション〟）に行けるじゃないか。日本はお得だ」

これが上海人の感想なのです。だから、日本人が敷居の高い高級店と感じているお店に、平気で食べにいく。

ラトリエはミシュラン二つ星ですが、同じく二つ星のイタリア料理「オット・エ・メッツォ・ボザーナ」を見ると、こちらもブランチで1200元（約2万円）、ディナーで2000元（約3万4000円）はします。だから、日本のミシュラン二つ星のレストランが何割安に感じられる。

上海にミシュランで星のつく日本料理店はありませんが、高級店で2万5000〜4万円はします。しかも、ネタの新鮮さは日本のほうがはるかに上。日本ではミシュラン三つ星の日本料理店でも3万円程度で食べられますから、クオリティの差まで含めると、中国人には半額ぐらいに感じられるのです。

中国にある日本料理店のマジックワードは「日本空運」です。食材を日本から空輸しているというだけで値段は跳ね上がります。日本産食材の安全・安心さと、新鮮さにお金を払うわけです。日本に来れば、空輸より新鮮な食材がいただけるのですから、お得感はさらに増します。

中国に「大衆点評」という口コミ・グルメサイトがあります。日本の食べログや、ぐるなびのような存在ですが、違うのはライバルがいなくてダントツの存在だということ。月間ページビュー150億回という、お化けサイトです。

中国国内だけでなく、日本のお店も紹介しており、佐賀県3300軒、青森県5100軒、山梨県5400軒など、すでに全国各地のお店を網羅しています。訪日中国人の大半がこのサイトをチェックしているといっていいでしょう。

この大衆点評を見ていると、客単価2〜3万円もするお店に、レビューが100件以上も書きこまれているので驚きます。私も行ったことのない高級店を、これだけ多くの中国人がおとずれているのかと。

もちろん、その背景には、面子を重視する中国人の性格があります。「私はこんな高級店に行ける人間なのだ」と、SNSで自慢したい。しかし、それ以上に、本気で「日本は安い」と感じているのだと思います。

資生堂パーラーってタダ同然じゃん

上海ではこの5年ほどイギリス風のアフタヌーンティーが大流行しています。ホテル、カフェ、レストランでは、だいたいやっている。日本ではまだアフタヌーンティーのお店が限られていますが、向こうでは完全に定着しました。

背景にあるのは文化の違いです。中国の女性はほとんどお酒を飲みません。特に人前で飲むのは避けるべきこととされてきたので、日本の女子会のように女性だけでお酒を飲む機会が少ない。最近はパーティも増えてきて、海外経験者がカクテルを飲んだりするようになりましたが、本当に最近のことです。基本的に中国の女子会は食事をするか、お茶を飲むかなのです。

中国でアフタヌーンティーは「下午茶(シアウーチャー)」。本格的なイギリス風アフタヌーンティーをさすこともあれば、ちょっとしたケーキを食べながら紅茶を飲むこともさします。午後にお茶を飲みながら軽食をとる習慣が根づいたのは、20年前ぐらいです。

20年前に下午茶ブームに火をつけたのは、なんとピザハットでした。午後2～5時の営業で、ティラミスやアイスクリームなどがついたセットを提供している。2人ぶんの料金が65元(約1100円)です。

その後、イギリス風の本格的なアフタヌーンティーも増えました。特にこの5年、アフタ

お菓子や食器を中国風にアレンジしたアフタヌーンティーの店も増えてきている

ヌーンティーをやっていないホテルのほうが珍しいぐらい。ちなみに、高級ホテルだと一人5000円ぐらいします。

　中国の料理は大皿が基本です。だから、アフタヌーンティーみたいに、いろんな種類の小さなケーキが食べられるのは新鮮な体験でした。その可愛らしさが女性にウケて、すぐポピュラーな習慣になりました。

　ちなみに広州では、上海ほど流行していません。すでに飲茶（ヤムチャ）文化が根づいているからでしょう。小さな点心をたくさん用意する文化があるので、アフタヌーンティーは衝撃的ではなかったのだと思います。これが北京になると、昼下がりに営業しているレストランすらあまりない印象になります。

こうしたアフタヌーンティー文化に慣れ親しんだ女性たちが東京・銀座に来たとき、必ずおとずれるのが資生堂パーラー3階の「サロン・ド・カフェ」。もうメッカのような存在です。大衆点評には486件ものレビューがありますが、絶賛の嵐です。ここのケーキセットは絶対に体験するべきだと、誰もが書きこんでいます。しかも、誰もが驚いているのが、値段の安さなのです。

「これだけゴージャスな雰囲気で、これだけ本格的なケーキが食べられて、お勘定が1500円なの？　えー。信じられない。安すぎるよお。お金いらないっていわれてるみたいじゃん」

4階のレストランで洋食を食べるとなると、日本人にとってはかなりの贅沢でしょう。3階のサロン・ド・カフェでも「ちょっと贅沢」な感じがあるはず。ところが、上海女子たちは「タダ同然」と感じているわけです。私がチェックした十数件のレビューでは、全員が安いと書いていました。

なぜ高級店が好きなのか

和食で大衆点評のレビューが多いのは、銀座にある懐石料理「小十」。2017年はミシュラン二つ星でしたが、長く三つ星をまもってきた名店です。

一人2~3万円はする高級店だというのに、やはり「安い」という声が圧倒的です。「こんなに質の高い料理を提供しながら、こんな値段でいいのか!」と、ちょっとキレ気味の人までいる。

面白いのは、こういうレビューがあったことです。

「日本のミシュランは路地裏にお店をかまえていたり、ヨーロッパのような派手さがない。でも、その純朴さが日本人の美質なのだ。外見は地味でも、仕事はしっかりしている。この店もその例にもれることなく、匠のスピリットが感じられ……」

まるで日本人そのものの評価を聞いているようです。よく中国人が日本人を評して使う言葉に「老実」があります。日本語の「朴訥」に近いのでしょうか。

中国人と違い、日本人は自分を大きく見せようとしません。むしろ謙虚に、自分を小さく見せようとする。そのぶん華やかさに欠けて、目立つ印象ではないのです。中国人の感覚では、みんなの注目を集めるタイプではない。しかし仕事は誠実にしっかりこなす。絶対に嘘をつかないし、誰かをだまして儲けようなんて考えない。日本人はそういう人たちなのだ、というイメージは定着しています。

じつはこのイメージ、訪日中国人が日本に来たら必ず高級店で食べることと、密接に関係しています。

中国では1960年代~70年代の文化大革命によって、それまでの歴史や文化、価値観がすべてリセットされてしまいました。伝統的な価値判断の基準がなくなったところへ、急激な経済成長がやってきて、何でも数字で判断するようになった。拝金主義の蔓延を批判する声が高まっているとはいえ、「自分なりのものさし」を見つけるには、まだしばらく時間がかかるのでしょう。

だから、いまの中国人はランキングとかミシュランが大好きです。とりあえずは誰かの作ったランキングで判断する。ミシュランで星がいっぱいある店ほど、価値のあるお店だと考えるのです。

レストランにしても、値段の高い店、イコールいい店と考えます。ところが、そのことをよく知っている中国の悪徳商人は、わざと高い値段をつけることで、相手をだまそうとします。中国では、高いお店だからといって、いいお店とは限らないわけです。

一方、日本のお店でだまされることはないと、大半の中国人は信じています。お金を出せば、出したぶんだけのサービスが返ってくる。裏切られる心配がない。だったら、せっかく日本に来たのだし、高いお店に行っても損にはならないだろうと考える。だからプチ富裕層ぐらいの人でも、ミシュラン三つ星に行ったりするわけですね。

もちろん、何度も日本に通うようなリピーターは、自分なりのお気に入りの店をもっていますす。必ずしもみんなが高いお店で食べるわけではありません。でも、初めて日本に来るとか、まだ2〜3回目の訪日とかいう人は、あまり日本のことを知らない。だから「無難に高いお店を選ぶ」わけです。

なぜジンギスカンより海鮮なのか

前章で「まだB級グルメに理解はない」と書きました。これには理由があります。人間の胃袋の大きさは限られています。せっかく日本に来たからには、最高級のものだけでお腹をいっぱいにしたい。B級グルメを入れる場所はない。何より食を重視する中国人はそう考えるのです。

たとえば北海道の名物料理といえば、日本人ならジンギスカンを思い浮かべるのではないでしょうか。インバウンド客向けにも宣伝されることがあります。しかし、中国人に関する限り、ジンギスカンはまったくアピールしません。

中国の南方には、そもそも羊肉を食べる文化がありません。北京の名物料理が「涮羊肉（シュワンヤンロウ）（羊のしゃぶしゃぶ）」であるように、北方の人は羊肉を食べますが、わざわざ日本に来てまで食べたいとは思わない。

羊肉にはあまり高級なイメージがないのです。写真をとってＳＮＳにのせても、自慢にならない。羊肉のように日本と中国の価格差が小さいものより、もっと価格差が大きいもののほうが「お買い得感」がある。

では、中国との価格差が大きい料理とは何か？　北海道なら海鮮です。海鮮のなかでもウニ、ボタン海老、マグロの大トロといった高級食材です。

「刺身なんて、日本中どこでも食べられるじゃないか。ジンギスカンは北海道でないと食べられないよ」

そう考えるのは、日本人の感覚です。中国人はそう考えない。

上海の日本料理店では、マグロの大トロ1切れが2000円することもあります。わざわざ領収書と一緒に写真をとってSNSにアップする人もいるぐらいです。ボタン海老やウニまで食べたら1万円はかかる。

でも、それが北海道では3000円で食べられるとなれば、7000円も得します。ホテル代がまるまる出る。高級感があるからSNSで自慢できるうえに、実質的にはお得となれば、誰しもこちらを選ぶでしょう。コストパフォーマンスの問題です。

中国人に「北海道へ行ってみたいなあ」と感じさせるためのキーワードは、「ここにしかない」ジンギスカンではなく、「全国どこにでもあるけど、ここでは安い」海鮮であるべきなのです。

なぜ「寿司はサーモン」なのか

中国でも唐の時代には刺身を食べていました（それが日本に伝わったという学説もあります）。しかし、いつの間にか生食文化は消えてしまった。

寧波には「酔っぱらい蟹」という名物料理があります。上海蟹を生きたまま紹興酒に漬けこんで、火を通さずに食べる。とはいえ、刺身ではありません。上海名物の「酔っぱらい海老」は、生きている海老に紹興酒をふって火にかけます。こちらも生食ではない。

いまや中国人は、刺身を完全に日本の文化だと意識しています。外国料理だと思うから、高級なイメージがあるわけです。

私が小さいころ、中国人が刺身を食べている姿を見たことがありません。1990年代になって、ノルウェーが熱心にサーモンをもちこみます。これで中国人に刺身を食べる習慣ができました。

しばらくして、オーストラリアからロブスターも輸入されるようになります。お金をかけた結婚式かどうか判断するのに「ロブスターがあったか、なかったか」がチェックポイントになるなど、まさに高級食材でした。

つまり、中国人がふたたび刺身を食べるようになったのは、１９９０年代からなのです。そして、入ってきたときから高級感があった。

私たちの世代はサーモンで育てられました。いまの40代にとって刺身といえばサーモンなのです。マグロやウニを食べるようになったのは２０００年代に入ってからでしょう。

中国から同級生が遊びにきたとき、築地のお寿司屋さんに連れていきました。彼女は席に着くなり、当然のようにサーモンを注文し、大将は当然のように「置いてないよ」と返事。彼女はものすごくカルチャーショックを受けていました。

ちなみに、マルハニチロが毎年、中国人にアンケートをとっているのですが、好きな寿司ネタは6年連続でサーモンが1位。ダントツの人気です。もちろん、日本の寿司事情にくわしい中国人もいて、ネットにはこんな書きこみも見られます。

「サーモンって回転寿司で食うものなんだよね。貧乏人の頼むネタなんだ。本物の寿司屋でサーモン頼んだりしたら恥ずかしいよ」

いずれにせよ、もし中国で寿司屋をやるとしたら、サーモンにこだわったほうがいいわけです。

刺身は「安心・安全」な料理だ

魚を生で食べるには、新鮮なまま運ぶ流通網や冷蔵施設が必要です。レストランでも、食中毒を出さないよう衛生管理が不可欠です。手間がかかるぶん、値段も高くなる。ついこのあいだまで発展途上国だった中国で、刺身イコール高級料理というイメージができたことも納得していただけるのではないでしょうか。

中国人が海鮮を目当てに北海道へやってくると聞いて、日本人のなかには、こういう反応をしめす人がいます。

「北海道料理？　あれは料理というより、食材そのままだよね。ほとんど調理らしい調理をしてないじゃん。ほかの地方に行けば、魚を使った本格的な日本料理がいろいろあるのに、なんで海鮮イコール北海道になっちゃうの？」

でも、中国人の受け止め方はまったく違います。

「食材そのものってことは、誤魔化しようがないってことでしょ。手を加える余地がないからこそ、安心なんだよ」

このへんの感覚は、日本人にはわかりづらいかもしれません。

中国では偽装食品が摘発されることも多く、食の安全・安心への意識が急激に高まっています。他人をだましてでも儲けようとする人がいるので、高級店でも安心して食べられない。悪い食材を濃い味つけで誤魔化す店もあります。

日本人が人をだますとは思っていないのですが、「手を加えていないもののほうが、逆に安心」という発想が染みついていて、日本に来ても抜けきらない。中国人は無意識のうちに、食材そのままの北海道料理を「選んでいる」のでしょう。

中国では西洋料理より日本料理のほうが人気だと書きました。ひょっとすると「食材重視の日本料理のほうが安心」という深層心理が働いているのかもしれません。訪日中国人が大衆点評に書きこんだレビューを見ると、薄味のものが評価されている印象があり、「誤魔化しようがない」というフレーズがたびたび登場します。

多くの外国人は「生で食べるのはちょっと不安だな。でも、おいしいからいいか」と刺身を口にしているのではないでしょうか。それに対して中国人だけは、「生だから安心できるんだよ。誤魔化しようないじゃん」と考えているわけです。

まあ、何千年もかけて「どう調理するか」を研究してきた中国人にとって、なるべく手を加えずに食材を生かす日本料理の発想がすごく新鮮に感じられることは事実です。刺身もある意味、切っただけなのですから。

なぜ天ぷら屋に行かないのか

中国人にとって高級和食の代名詞は、刺身、寿司、和牛です。

中国は和牛の輸入を認めていないため、日本に来たら必ず食べたいのが霜降り牛肉なのです。中国は豚肉文化で、牛肉はもともと高級なイメージでした。１９９０年代にアメリカやオーストラリアから牛肉が入り始め、ステーキを食べるようになりましたが、それでも和牛のようにきれいにサシの入った肉は見たことがありませんでした。

いまの40代以上は小さいときに脂っこいものを食べた経験がありません。だから、霜降り牛肉とかマグロの大トロとか、脂ののった食材に反応してしまう。牛肉の赤身のおいしさやマグロの赤身のおいしさを理解するには、まだ5年10年かかるのではないでしょうか。

刺身でもウニ、ボタン海老、マグロのトロ、ブリ、イクラなど、味のはっきりしたものが好まれます。ヒラメやタイなど白身の魚はあまり人気がありません。

訪日された富裕層の方を鉄板焼き店にご案内すると、ステーキ以外にはアワビとかロブスターとか高級なものばかり注文されます。

私の父など、お寿司のシャリは残して、ネタの部分だけ食べるぐらいです。同じことをする中国人は少なくありません。胃袋には限りがあるから、「主役」の刺身だけを食べたい。「脇役」のご飯でお腹がいっぱいになるのが許せないわけですね。

外国人には大人気の天ぷらが、中国人には意外なほど人気がないのも、このあたりに理由がある気がします。

天ぷらのコースを頼むと、主役級の海老は1本か2本。イカとかアナゴ、キスは、主役を名乗るにはちょっと迫力不足です。あとはシイタケとかギンナンとか、レンコンとかいった野菜が続く。野菜が嫌いというわけではないのですが、脇役でお腹をいっぱいにしたくないわけです。そういうコースに1万円を支払うのは抵抗がある。だから、さほど目の色を変えて天ぷら屋さんに殺到しないわけですね。

刺身にツマは必要ない

日本生活の長い私が大好きなのは、出汁巻き卵や大根の煮物、きんぴらごぼうなど、いわゆる「おばんざい」と呼ばれる料理です。

そういう料理を出すお店に訪日中国人をご案内すると、まず間違いなくガッカリされます。脇役しか立っていないステージに見えるのでしょう。

こうした微妙な感覚をよく理解しているのが台湾人です。じつは上海の日本料理店を見ると、大衆点評で大量のレビューを獲得している人気店は、ほとんど台湾人の経営によるものです。

こうした日本料理店は、客も中国人ばかりですが、一人6000~7000円はします。かなりの高級店なのです。上海駐在の日本人はだいたい居酒屋に行きます。中国人にとって日本料理はハレの日の食事なので、高級料理店に行く。日本駐在員にとっては日常の食事なので、安い居酒屋に行く。だから日本人に人気の店と、中国人に人気の店がきれいに分かれている。

台湾系日本料理店の刺身盛り合わせ。ボタン海老、サーモン、マグロ、ホッキ貝で630元（約１万1000円）。サーモンは分厚く、シソ以外にツマがないことに注目

台湾系日本料理店のメニューを見れば、中国人が何を求めているか一目瞭然です。まず出汁巻き卵や野菜の煮物など脇役級の料理がほとんどなく、刺身や焼き魚など主役級ばかり並んでいることに気づきます。

高級食材とイメージされているウニ、ボタン海老、マグロのトロは欠かせませんが、もちろんサーモンにも力を入れています。刺身は非常に分厚くて大きい。しかも、山盛りにされており、日本料理は量が少ないというイメージをくつがえしています。

刺身のお皿には大根のツマが、ほとん

どのっていません。

「俺は刺身を頼んだのであって、大根を頼んだわけじゃない」

そういう中国人の思いにこたえて、脇役を外しているわけです。日本人には無粋に感じられるでしょうが、これが「現地化」の意味ではないでしょうか。

料理はその国独自の文化ですから、そこまで相手に合わせるべきなのかは議論があるでしょう。でも、もし牛肉やアワビ、伊勢海老といった主役級の高級食材ばかり揚げる天ぷら屋さんが中国にあったら、一人3〜4万円でもヒットする気がします。案外、台湾人ならそういうことを考えるかもしれません。

ただし、これはあくまで中国に進出するとしたらの話です。訪日中国人の場合、「現地の日本人がどう評価しているか」をものすごく気にします。中国人観光客しかいないようなお店は評価が下がる。海外旅行に来たのだから、日本人のお客さんと一緒にワイワイやりたいのです。だから、日本人が違和感をおぼえるような日本料理店や天ぷら屋には、訪日中国人もやってきません。

インバウンド関係者のなかには「日本人観光客が全然来ない。だったら、訪日中国人に来てもらおう」と考える人がいます。しかし、それは前提条件が間違っている。日本人が魅力を感じない場所には、中国人も来ないということです。

味千はどうして成功したのか

食の「現地化」はなかなか難しい問題ですが、日本企業にも、中国で大成功をおさめているところがあります。熊本の「味千ラーメン」です。

味千ラーメンは日本国内には80店舗強、海外に700店舗強と、むしろ海外でのほうが有名かもしれません。ちなみに海外店舗の9割は中国にあります。

なぜこれほどの成功をおさめたのか？ 基本のラーメンの味はゆずらない一方、それ以外のメニューの多角化については、現地パートナーに一任したからです。経営にもメニューにも口をはさまない。

日本の味千はごく普通の熊本ラーメン屋さんです。しかし、中国の味千には焼き鳥があったり、焼き魚があったり、鶏のから揚げがあったり、揚げ出し豆腐があったりする。居酒屋風というか、ファミリーレストランのような存在なのです。しかも、日本料理だけでなく、麻辣牛肉炒飯や春巻など中国の料理も出します。

中国に進出したのは1998年ですが、多くの中国人は味千で初めて日本風ラーメンの味を知りました。そのころ私は日本にいましたが、中国の友人たちのほとんどが「人生で最初に食べた日式ラーメンは味千」といっています。

中国にも豚骨を煮込んだスープはありますが、清湯（チンタン）といって、透明なスープです。豚骨ラーメンのように白濁するまで煮込んだスープは存在しませんでした。こんなに濃厚なスープの麵を食べたのは初めてなので、すごくおいしく感じたそうです。

豚骨ラーメンの発祥地は久留米ですが、久留米ラーメン会の方に話を聞いたことがあります。久留米ラーメンのルーツは、江蘇省あたりの豚骨スープにヒントを得たもので、最初は濁っていなかったそうです。それが白濁するまで煮込むように進化して、中国に逆上陸したのですから、不思議なものです。

なぜ豚骨ラーメンばかりなのか

意外に知られていないことですが、現在、中国にある日本風ラーメン店のほとんどは豚骨

味千はトッピングも充実。左は豚軟骨春筍ラーメン、右は激辛炎王ラーメン

カレーもすき焼き雑炊もタコライスもある。メニューの豊富さが味千の人気の秘密

ラーメンです。味千はメジャーになりすぎて、かつてほどダントツの存在ではありませんが、大衆点評を見ても、人気ランキングには「一風堂」「博多一幸舎」「屯ちん」といった豚骨ラーメンが並んでいます。

『行楽』読者にアンケートをとってみましたが、何度も訪日して、いろんなラーメンを食べた経験のある彼らでも、好きなラーメンはやっぱり豚骨。85人から回答があったうち、43人が豚骨派、25人が味噌派、5人が醤油派、2人が塩派でした。

プロントの上海店では「豚骨スープパスタ」を出していたことがあるようですし、丸亀製麺は中国で「豚骨うどん」を出しています。

日本では、ここまで豚骨ラーメンが幅をきかせていません。では、どうして中国では、ラーメン、イコール豚骨という状況になったのでしょうか？

理由はいろいろあると思います。まずは火つけ役である味千が味のデフォルトになり、「日本のラーメンは豚骨だ」というイメージができたこと。原体験が強烈すぎて、醤油ラーメンを食べても「これはラーメンじゃないぞ」と感じる舌になった。

その後、上海や北京の日本人が多い地域で「頑固親父のこだわりラーメン」といった雰囲気の店が出たこともあるのですが、どれもこれも消えていきました（醤油ラーメンや塩ラーメンもありました）。

やっぱり「スープに自信があるから具は最小限でいい」とか「俺の決めた味が乱れるから、トッピングなんてのせないでくれ」では通用しない。食文化が違う国で勝負する以上、「現地化」は不可欠だったようです。

考えてみれば豚骨ラーメンのお店では、机の上に紅ショウガ、ゴマ、ニンニク、高菜などが並んでいて、自分で味を決められるようになっています。店主の決めたままの味をありがたくいただく世界から、もっとも遠い場所にいるラーメンといえるでしょう。その点も、豚骨が受け入れられた理由かもしれません。

言葉のイメージもあると思います。私が子供のころ、まだ中国が貧しかった時代ですから、貧乏な人はお湯に醤油で味つけをして、麺を入れて食べたりしていました。醤油ラーメンという言葉を聞くと、そういう貧しい食べ物をイメージしてしまうのです。きちんと出汁をとったスープを連想できない。

だから、仮に醤油ラーメンの店を出すとしても、「醤油ラーメン」という言葉は避け、「東京ラーメン」みたいなネーミングにするほうが賢明だと思います。「塩ラーメン」も同様の印象なので、「函館ラーメン」みたいなネーミングのほうがいいでしょう。

味噌ラーメンが意外と健闘しているのは、味噌イコール日本料理というイメージがあるからだと思います。日本料理店（ラーメン屋もそのひとつです）に来たからには、中国にないものが食べたい。味噌はその代表です。だから味千に入っても、味噌ラーメンを注文する人が少なくありません。2017年末に札幌の味噌ラーメン「一粒庵」が上海にオープンしましたが、すでにネットでは賞賛の嵐です。

まさか蕎麦だけを食べるの？

中国にも古来からラーメンはあります。ただ、日本でいうラーメン全体を指す言葉としては「湯麵（タンミエン）」が使われます。

中国にも「拉麵（ラーミエン）」という言葉はあるのですが、これは蘭州の湯麵に限定されます。中国語の「拉」は「引っ張る」という意味。店頭で麵を手延（の）べする作業を見せるのがウリなのです。日本でも山東省名物「刀削麵」を出す店では、生地を包丁で削る作業を客に見せますよね。

あれと同じです。

日本のラーメンはスープにこだわりますが、中国にはスープを売りにした湯麺がほとんどありません。上海でいえば「黄魚湯麺（ファンユータンミエン）」ぐらいでしょうか。ここはイシモチで出汁をとったスープが売りで、行列ができる人気店です。

中国における湯麺は100~200円の庶民の食べ物で、スープにこだわって何時間も煮込むタイプの食べ物ではないのです。安いから、道をきわめるようなことをやっていられない。味も非常に薄い。だから日本の豚骨スープの濃厚さに衝撃を受けたのだと思いますし、長時間煮込む点にも衝撃を受けたはずです。

では、中国ではどうやって湯麺を区別するかというと、上にのせる具です。牛肉をのせるのか、ワンタンをのせるのか、鶏肉をのせるのか。豚肉なら、ひき肉なのか、角切り肉なのか、細切り肉なのか。蟹なのか海老なのか鴨なのか……。そういった具によって呼び名と値段が変わります。

蘭州で100年以上の歴史を誇る「馬子禄（マーズルー） 牛肉麺（ニウロウミエン）」が、2017年に日本へ上陸しました。向こうでは1杯10元（約170円）程度の庶民料理店です。牛骨でスープをとっていますが、それをウリにはしていない。手延べの「拉麵」であることも大々的にはうたっていません。むしろ店名にあるように、上に牛肉がのっている点をアピールしている。中国人にとっての湯麵とは、このような存在なのです。

日本に来たら高級料理店に行きたい中国人も、ラーメンだけは必ず体験していきます。すごく気になる存在なのです。ところが、「具はチャーシューとメンマとネギだけ?」と驚く人が少なくない。日本のラーメンはストイックすぎる。

だから、訪日中国人を取りこみたいラーメン屋さんは、トッピングの種類を増やすといいと思います。それをやったのが、まさに中国の味千ラーメンなのです。

そういう感覚なので、日本で蕎麦屋さんに入ると、中国人は腰を抜かします。ほとんど何ものっていないのですから。「本当に蕎麦だけを食べるの?」と半信半疑です。だから、たいていの中国人は海老天も一緒に注文する。

日本人の蕎麦に対するストイックさと、「頑固親父のこだわりラーメン」には似ているところがありますよね。ただ、この20年で中国社会はだいぶ成熟しました。いまなら「頑固親父のこだわりラーメン」でも受け入れられるかもしれません。食にもストーリーを求めるようになってきているからです。

おにぎりはストイックすぎる

ストイックな日本の食べ物といえば、おにぎりです。

友人が家族で北陸の温泉旅館に行ったときの話です。彼女は30代の中国人で、投資関係の仕事をしています。子供と2人で1泊10万円もする高級旅館ですから、ものすごく期待していました。

到着したのが午後3時ごろで、子供が「お腹が減った」と騒ぎだしました。一人っ子政策が長く続いた中国では、子供は「小皇帝」です。そこで友人は女将に、軽く食べるものを出してほしいと頼んだのですが、出てきたのはおにぎりでした。

「本当に失望した。旅館って第一印象が肝心なのに……」

嘆くこと、しきりでした。相当ガッカリしたようです。

宿の人の気持ちも理解できなくはないのです。もう2時間もすれば夕食の時間帯になるから、あまり重たい料理は出したくない。北陸は米どころですし、ちょうど新米のシーズン。

おいしいお米をおにぎりにすれば、よろこんでもらえると思ったのでしょう。相手が日本人であれば、確実によろこんだはずです。

しかし、その「おもてなし」精神はまったく伝わりませんでした。お米やおにぎりに対するイメージが、日本人とはまったく違うからです。

お米だけを握ったおにぎりは非常に貧しいイメージで、10万円の宿にはそぐわない。10万円の宿にはもっと高級なルームサービスを望むのが中国人なのです。おにぎりではバカにされた気分になってしまう。

お米に対する思い入れが、中国人と日本人ではまったく違います。日本では、外でおいしい料理を食べると、必ず誰かが「あー。白いご飯が欲しい」とか「これだけでご飯3杯はいける」とか口にします。白いご飯が一緒でないと、食事が完結しない感覚があるのでしょうね。そんなセリフ、中国で聞いたことがありません。

中国にも「主食」という言葉はあって、小麦文化圏の北方では饅頭（マントウ）、米文化圏の南方ではご飯です。

上海人も家庭では、ご飯と一緒におかずを食べます。しかし、これはご飯でお腹をいっぱいにする（おかずの量を減らして食費をおさえる）のが目的のところもありますから、外食するときはそんなことをしない。外では料理だけを食べるのです。

中国の高級料理店では、そもそも白いご飯を出しませんし、そんなことを頼む人もいない。日本人駐在員ぐらいだと思います。もちろん、お米は置いているのですが、炒飯などにして食べる。あくまで料理のひとつとして出すのであって、日本人のように「つねに白いご飯と一緒でなきゃダメ」という感じではないのです。

つねにご飯がないともの足りない日本人。ご飯は外食で食べるものではないと考える中国人。おにぎりに対するイメージが違って当然です。日本人にとっておにぎりは主役になりえても、中国人にとってはなりえないわけですね。

そこまでご飯と一緒でなきゃダメ？

もちろん、あくまで「主役なのか脇役なのか」という話です。日本のご飯がビックリするほどおいしいという評価は、中国でも定着しています。日本に来て「こんなにおいしいご飯を食べたことがない」と感動して帰っていくのが普通です。

だから、日本の電気炊飯器が爆買いされるのです。お米は消耗品なので、つねに日本産を買うわけにいきません。炊飯器なら、1回買えばいい。少しでも日本のご飯に近づけたいという思いがあるから、こういう行動に出るわけです。

しかし、面白いのは、大衆点評に膨大な寿司屋のレビューがあるというのに、シャリについてコメントしている人が皆無に近いこと。日本のグルメサイトだったら、多くの人がシャリについて語りますよね。

その理由を考えるに、お寿司のお米は冷たいので、どう評価していいかわからないのだと思います。中国では、温かいものでないと料理と認められないのです。「冷たいご飯」という概念がないため、評価しようがない。

寿司ネタだけ食べてシャリを残す中国人がいるのは、料理といえない存在（冷たいご飯）でお腹をいっぱいにしたくないのだと思います。主役級の刺身だけに向き合いたい。もちろんそれでは寿司屋を選ぶ意味がありませんから、お寿司と刺身の両方を出すお店であれば、彼らは刺身を頼みます。

訪日中国人の誰もがビックリするのが、日本人の「炭水化物がさね」。餃子でご飯を食べたり、お好み焼きでご飯を食べたり、うどんと一緒におにぎりを食べたり……。「そこまでご飯と一緒でなきゃダメ？」と絶句します。本当に感覚が違うんですね。

ラーメンでご飯を食べるのにもビックリですが、さらに唖然とするのが、ラーメンの麵を食べきったあと、残りのスープにご飯を投入すること。何人もの人から「あれは衝撃的な映像だった」と聞かされました。お米を食べて育った江南地方の人たちも、あんな食べ方はしたことがありません。

チンしなければ、おにぎりじゃない

おにぎりのあつかいについては、中国と日本でだいぶ差があります。

日本のコンビニが中国へ大挙出店したことで、日本風のおにぎり（中国では「飯団」と呼びます）もすっかり定着しました。忙しい都会のビジネスマンの朝食や昼食として大活躍しています。

でも、冷たいものは料理ではありませんから、冷たいおにぎりは食べられない。中国人はコンビニでおにぎりを買うと、必ずチンしてもらっています。だから、あたためることを前

上海のコンビニおにぎり。左上は中華ソーセージをもち米で巻いたもの。右上はクミン風味の鶏の照り焼き。左下はスパムと目玉焼き。右下は押し豆腐の醤油煮込み

提に開発した商品も続々と登場しています。

日本で人気のある梅干しや昆布は、中国では売られていません。日本でも売っているものだと、オムライスやドライカレー、鰻の蒲焼など、やはりチンして食べられるものに人気があります。

中国の地方性が感じられるおにぎりでは……。たとえば北京の冬の名物は「辣（ラー）白菜（パーツァイ）」という、白菜の辛い漬物です。その辣白菜とツナを組み合わせたものが人気です。

ほかにも、辛い甜麵醬である「辣醬（ラージャン）」とイカをからめたもの。韓国風の石焼ビ

ビンバなどが、北京らしいおにぎりといえるでしょう。

上海だと、油条（ヨウティアオ）のおにぎり。油条はお粥に入れる揚げパンで、上海では朝食の定番です。あとは肉松（ロウソン）と咸蛋黄（シアンダンファン）のおにぎり。肉松というのは、豚肉で作った「でんぶ」のような食品。上海人が朝ご飯にお茶漬けを食べるときには必須のアイテムです。咸蛋黄はアヒルの卵の黄身で、月餅には必ず入っている中国人の大好物です。

北京人や上海人の大好物を使って、日本風のおにぎりに仕立てる。ひとくちに中国といっても、ものすごく広大なので、食の好みもさまざまです。こうした日本のコンビニによる「現地化」は、大いに参考になるのではないでしょうか。

日本の駅弁は「顔値が高い」

中国の旅行会社の人からこんな言葉を聞いて、ハッとしました。

「日本は冷たい料理が多いから、家族旅行で老人を連れていくには酷かも」

それぐらい、日本料理は冷たいイメージがあるのですね。実際には温かいものもいっぱいあるのに。刺身や寿司のイメージが強すぎるのでしょうか。

『行楽』2012年5月号は日本の駅弁を特集した

「冷たいものは料理と認めないなら、日本の駅弁なんて絶対に無理じゃないか」

　そう思われた方がいらっしゃるかもしれません。しかし、意外なことに、日本の駅弁は訪日中国人のあいだで大人気なのです。雑誌『行楽』でも駅弁特集を組んだことがあるぐらいです。

　中国には駅弁という言葉はなく、「鉄道弁当」と呼んでいますが、鉄道弁当は見た目が美しくないうえ、あまりおいしくない。そのくせ値段は高い。中国のネットではしょっちゅう両者の比較論が展開されますが、必ず「日本人は幸せだよなあ」という結論にいたる。日本の駅弁は、比較にならないほどクオリティが高い。

　もちろん、冷たい駅弁を必ずしも「おいしい」と思って食べているわけではないのです。

でも、それを上回るビジュアルの魅力がある。

色とりどりの小さなおかずが並んだ幕の内弁当。紅葉の時期ならモミジが入っていたり、細かい工夫もしてくれている。料理にまで季節を取りこむ日本の美意識に、誰もが感心します。あるいは「峠の釜めし」のようにユニークな容器に入った駅弁。佐賀県に行けば有田焼の美しい器に入った牛肉カレーの駅弁まであります。

どれもこれも中国には存在しないものばかりです。写真にとってＳＮＳにアップすれば、みんなうらやましがってくれます。

ここ数年で定着したネット用語に「顔値（イエンジー）」があります。もともとは顔の偏差値のことで、「彼女は顔値が高い（美人だ）」というように使います。それが徐々に、見ばえ全般に使われるようになりました。日本でいう「インスタ映（ば）え」みたいなものです。それでいえば、日本の駅弁は「顔値が高い」わけです。

これは非常に重要なポイントで、顔値が高ければ、冷たいという弱点だって乗り越えられるということです。

旅館のコース料理に不満はない

懐石料理についても同様です。温かいものが料理だと考える中国人にとって、本来、懐石料理は料理の範疇を逸脱する存在です。

それでも、文化体験として面白い。大皿で供されるのが当たり前の中国人にとって、美しい小皿にほんの少しずつ料理を盛って出してくれるのは、新鮮な体験です。しかも、顔値が高いから、写真にとって自慢できる。

日本人の友人たちから、日本旅館で出てくるコース料理が「おいしくない」という声をよく聞きます。「作り置きしたような料理が多いから」と。

しかし、意外なことに、それを不満に思っている中国人はほとんどいないのです。味をはるかに上回る付加価値があるからでしょう（これから中国社会が成熟すれば、日本人の感覚に近づくかもしれませんが）。

日本人はSNSをコミュニケーションの道具として使っていますが、中国人は自慢のために使う人が多い。中国にSNSがこれほど急激に根づいたのは、相性がいいのだと思います。

美しく盛りつけられた食材を見た時点で、訪日中国人から「おーっ」と声が上がる

そこで欠かせないキーワードが「顔値」なのです。

そういう意味で、日本料理は全般に顔値が高い。たとえばすき焼きでもしゃぶしゃぶでも、お肉はお皿にきれいに盛りつけて提供されます。しかも、生まれてこのかた一度も目にしたことのない、美しくサシの入った牛肉です。食材が並べられた時点で中国人は「おおーっ」と声を上げて、写真をとりまくるわけです。

冷たい料理がすべてダメなわけではありません。たとえ味覚に合わなかったとしても、文化体験として大きな刺激を受けるなら、そのままで受け入れられるということです。ここでも「相手にはどう見えているのか」がポイントになったわけです。

立食パーティでも座って食べる

最後に、日本料理に対する中国人の意外な反応も紹介しておきましょう。『行楽』読者との交流のなかで拾った生の声です。

よく聞くのは「居酒屋が意外とうるさい」という感想。中国人がもっている日本人のイメージは、礼儀正しくて物静か。夜の居酒屋では、それとはまったく違った顔が見られるので、驚くようです。かなり奔放に盛り上がっている。オンとオフの差は、日本人のほうが激しいように思います。

私も日本で就職したとき、2次会のカラオケで裸になったりする人がいるのでビックリしました。ただ私の場合は、「こんなおおざっぱな性格の中国人でも、日本でやっていけそうだな」と逆に安心しましたが。

野菜の種類が少ないとか、フルーツを売っている店が少ないとかいう感想もよく聞きます。上海や広州には夜中までやっているフルーツ屋さんが多いのです。しかも、値段は日本よりはるかに安い。

あとは、居酒屋でお通しが出るのが理解できないという意見。頼んでもいないお通しでお金をとられることを、不満に思う人もいるようです。ただ、それでトラブルになったという話は聞きません。中国は中国で似たような習慣があるからです。

中国のレストランでは、座ると同時にタオルかウェットティッシュが出てきます。日本のお通しみたいなもので、それで1元（約17円）ぐらいとられる。ただ、日本と違うのは、「タオルはいらない」といえば、すぐ撤収してくれること。使わなかったタオルの料金はとらないという暗黙のルールがあります。

面白い意見だと「立ち食いのお店が多すぎて困る」。じつは中国には、立って食事をする習慣がありません。だから、日本で立ち食い蕎麦を見ると面食らってしまう。特に最近の日本では立ち飲み系の店が増えていますから、気になるのでしょう。

上海で立食パーティをやっても、そうです。日本人150人、中国人50人が出席したとして、中国人だけは全員が椅子に座ります。立食パーティだから、そもそも椅子の数が少ない。こういう事情にうとい日本人が主催者の場合、椅子が足りなくて、中国人のあいだで椅子の奪いあいとなります。

中国では、2~3元（約34~51円）の料理を出すような庶民向けの露店であっても、必ず椅子が用意されています。だから「俺のフレンチ・イタリアン」が上海に出店したときも、立ち食いが受け入れられず、結局は椅子をたくさん増設したそうです。

欧米にはバー文化があるので、立ち飲みは気にならないでしょう。でも、中国にはちょっとだけ料理をつまんでお酒を飲む習慣がありません。立ち飲みに違和感をおぼえないのは、海外でパーティ慣れした若い世代ぐらいではないでしょうか。

食べ歩きしにくい雰囲気

一方で、日本は食べ歩きしにくい、という意見もあります。

中国では夜10時ぐらいになると、どこでも夜店が出てきます。羊の串焼きみたいに、串に刺したものが多いのですが。北京名物は「冰糖胡芦（ピンタンフールー）」といって、サンザシの実を串に刺したもの。青島名物はイカの丸焼きです。こういう串を手に、お土産屋さんをひやかして歩くわけです。

立ち食いできないことと矛盾していると思うかもしれませんが、軽食は食べ歩きするもの、食事は座ってとるもの、という感覚なのです。

だから、日本の観光地でも食べ歩きしたいのだけど、それはしにくい雰囲気があるというのですね。

「いやいや、中国人は傍若無人に食べ歩きしているじゃないか」という人がいるかもしれませんが、それは一部の人だけです。プチ富裕層たちは郷に入れば郷に従おうとしている。だから、こういう不満が出てくるわけです。

中国人は声が大きくてうるさいイメージがあると思いますが、たしかに、そういう傾向はあるでしょう。とはいえ、日本に来たときだけは、電車やエレベーターの中が静かすぎることに窮屈さを感じながらも、気がねして小さな声で話す中国人も多いのです。

私の親戚が日本に遊びにきても、帰りの中国東方航空に乗った瞬間に「あーっ。これでやっと普通の音量で話せる」と肩の力が抜けるそうです。

うちの読者に「あえて日本に対する不満点を挙げてください」とアンケートをとると、すごく多いのが「ゴミ箱が少なすぎる」という意見。中国人はゴミをポイ捨てするイメージがあるかもしれませんが、もしその通りなら、こんな意見は出てきません。

許せるドロドロ、許せないドロドロ

日本の中華料理については、予想通り「中国よりおいしくない」という声ばかりです。面白いのは、「あんかけが多すぎる」という感想が多いこと。どんな料理でもあんかけになっているので、ドロドロして気持ちが悪いというのです。

たしかに、中国人はここまで片栗粉を多用しません。青椒肉絲、八宝菜、海老チリ、麻婆豆腐、蟹玉……。すべてが、日本のものよりサラリとしています。片栗粉が多すぎると、料理に自信のないお母さんみたいなイメージになります。

一般論として、中国人はあまりドロドロの料理を好みません。

では、豚骨ドロドロの横浜家系ラーメンとか、鶏ガラ・ドロドロの「天下一品」のようなラーメンは、どう評価されているのか？　大衆点評で調べてみたところ、好意的意見が8割、否定的意見が2割の印象。もちろん「ネバネバしていて気持ち悪い」「糊みたいでお腹を壊しそう」という声はあるのですが、意外と受け入れられています。

面白いのが「日式カレーライス」です。いまやカレーは世界のどこでも食べられますが、ドロドロになるまで煮込んだ日本のカレーは特殊です。もはや日本料理といっていいでしょう。それが中国でものすごくポピュラーな存在になっている。

私も驚いたのですが、ハウス食品の2016年の調査によると、中国の一般家庭のカレールウの購入世帯率は、上海が31％、北京が26％もある。カレールウは日式カレーライスの象徴です。そのカレールウについてはハウスのものしか見たことがないぐらいで、実際、2005年の発売から十数年で売上は20倍になっています。

上海はイギリス人が多かったこともあり、昔からカレー料理を食べてきました。家庭でも、鶏肉のカレー粉炒めや、牛肉のカレースープが普通に作られます。でも、あくまでサラサラのスープであって、ドロドロの日式カレーライスではないのです。

上海ハウス食品社の人に取材したところ、こんな答えが返ってきました。

「中国人がドロドロを嫌ってると感じたことは、あまりありませんよ。むしろ日式カレーライスはまったく新しい料理であって、比較対象がない。中国人が見たこともないものを、どうやって受け入れてもらうかのほうが苦労した点です」

なじみ深い中華料理がドロドロなのは許せなくても、よく知らない外国料理のドロドロは許せる、ということなのでしょう。

なぜ「日式カレー」は受け入れられたのか

ハウスは「まったく新しい料理」である日式カレーライスを中国人に認知してもらうため、年間2万回もの試食会をスーパーなどでやっているそうです。1回100人として、1年間で200万人。10年間も続けているので、これまで2000万人もの人が試食した計算になります。

試食の年間予算は、なんと600万元（約1億円）。ここまで予算をかけている日本企業はなかなかないと思います。

どこの企業でも、日本人駐在員の中国滞在期間は3年ぐらいです。ところが、ハウス中国には、10年選手が何人もいます。「絶対に中国マーケットをとるんだ」という本気度が伝わってくる。だからシェア約9割という独占的地位を築けたのでしょう。

中国にはひとつのお皿にご飯とおかずを一緒にのせる習慣はありません。格安食堂のラン

上海の某スーパーでは、カレールウはハウス製品しか並んでいなかった

チボックスぐらいでしょう。カレーライスには安っぽいイメージしかなく、夕食にそれだけを食べるなんて、ありえなかったのです。

それがいまや、子供が「やったー。今日はカレーだ！」とよろこぶ家庭料理に変わった。カレーライスがメインの料理として認知された。ハウスが中国でやった仕事は、本当に革命的だと思います。

ハウスだけではありません。じつは食品関連のＢｔｏＣ分野では、圧倒的なシェアを誇る日本企業が少なくないのです。

キユーピーもそうです。マヨネーズのシェアは、北京ではなんと9割です。ライバル企業の多いの多い上海・広州ですら6割のシェアを誇っています。私の実感でも、キユーピーが入ってくるまではマヨネーズを食べた記憶がありません。マヨネーズ、イコール、キユーピーという存在なのです。

面白いのは、ドレッシングの売上も急増していることで、北京では6割のシェアがあるといいます。中国人は生食をしないと書きました。ホテルのバイキングでも、野菜サラダはあまり人気がありません。しかし、最近は北京の若い人が、家庭で野菜サラダを食べるようになっている。

昔の北京の野菜といえば、冬場は白菜しかありませんでした。私の大学時代の思い出でも、辣白菜のイメージしかない。しかし、キユーピーが懸命にドレッシングを売った結果、食習慣まで変えてしまった。これも革命的だと思います。

第　3　章

なぜ自撮りが大好きなのか

台湾人ビジネスに学べ

この章では、どうすれば中国人の心をつかめるのか、という問題を考えたいと思います。インバウンド客として日本へ迎え入れるにせよ、逆に中国へ出ていって日本製品を売るにせよ、消費意欲を喚起できなければ話になりません。彼らが「その気になる」ポイントはどこなのでしょうか。

まず参考にすべきだと思うのは、台湾人のビジネスです。上海の人気日本料理店は台湾人の経営がほとんどだと書きましたが、彼らは中国人の心理をじつによく理解しています。しかも、いま中国に何が足りないかを嗅ぎつける能力が高い。要は、スキマをつくのが上手なのです。

1992年ですから、まさに鄧小平が南巡講話で改革開放のスピードを上げた年です。上海に「大千美食林」というフードコートができて、人気を博しました。台湾人の経営で、小さな屋台がたくさん並んだような飲食店です。

屋台より高いけれど、レストランよりは安い。そして清潔。まさに中国人が求めていたものでした。日本には安くておいしいランチを提供する店が山ほどありますが、当時の中国にはそんな場所がなかったからです。

それまで国有企業の人は、昼食を社内食堂で食べるのが普通でした。外で食べるとなると、ちゃんとしたレストランしかありませんが、一人50～100元（当時のレート1元23円で計算して約1100～2300円）かかってしまう。そんな贅沢はできません。フードコートだと15元（当時のレートで約350円）程度ですみます。もちろん屋台なら5元（当時のレートで約110円）ぐらいなのですが、お世辞にも清潔とはいえない環境なのです。

休日に家族で食事をするときも同様です。買い物に出たついでに、ちょっとだけ口に入れたい。本格的なレストランに行くほどではないけれど、子供に不衛生な屋台で食べさせたくはない。そんなニーズにマッチするお店がなかった。まさにスキマです。

日本パンサイトで人気ナンバーワン

1998年にできた台湾資本の上島珈琲（UCB）も同様です。日本の上島珈琲店（UC

C）となんの関係もないのですが、勝手に上島珈琲を名乗って日本のイメージを借りつつ、全国3000店舗に拡大してしまった。中華風の炒めものを出したり、鰻丼を出したりと、なんでもありの喫茶店です。

なぜ単なる喫茶店が、ここまで急拡大できたのか？　それまでビジネスマンが外で打ち合わせしたり、若者がデートで語りあったりする場所がなかったからです。台湾人はここでもスキマをついたわけです。

1999年にできた台湾資本の「宜芝多（イチドオ）」というパン屋さんも徹底していました。いまの40代以上は子供のころにバターを食べた経験がないし、甘いものにも飢えていました。だからデニッシュを中心とした濃厚なパンの味に夢中になった。

スキマをつくだけでなく、中国人心理もよく理解しているのです。ロゴには大きく「ICHIDO」の文字。なんとなく日本を連想させるネーミングです。名物「北海道牛乳パン」は私も大好きでした。

店内装飾のバナーには日本語が使われていたし、パンの名前にも微妙に中国人が理解できる日本語が使われていました。たとえば「の」というひらがなが入るだけで、中国人は日本を連想してしまうのです。イメージ作りが上手い。

さすが台湾人と感心するのは、大々的に「日本パンサイトで人気ナンバーワン」とうたっていたこと。「日本パンサイトって、いったい何？」という感じですが、とにかく中国人はランキングが大好きなのです。日本で1位と書いてあるだけで、絶対においしいパンだと信じこんでしまう。こういう自己宣伝は、中国人の心理をよくわかっています。日本人が苦手とするところではないでしょうか。

5時間待ちの病院も

改革開放が始まったとき、最初に入ってきてビジネスを展開したのは、台湾人や香港人でした。２０００年代に入るまで、圧倒的な存在感だった。

その後、本格的なパン屋さんが増えました。パリで修業した中国人の店とか、フランス人の店も普通にあります。いまの上海は東京とほとんど変わらない感じで、おいしいフランスパンが食べられます。

しかし、１９９０年代にそれが受け入れられたかといえば、違うはずです。当時の中国人には、宜芝多のようなパン屋さんしか理解できなかった。うるさい頑固親父のラーメン屋さんが拒否されたのと同じです。

かつては日本企業が中国に拠点を作る場合も、必ずあいだに台湾人や香港人をはさんでワンクッション置いていましたが、そんなこともなくなった。彼らの存在感は2000年以降、かなり小さくなっています。

とはいえ、いまだに台湾人が強い分野もあります。絵本文化を最初に中国へもちこんだのは台湾人です。最近は日本勢や韓国勢に押されているとはいえ、まだ強い分野でしょう。子供を大切にする国なので、絵本ビジネスは有望なのです。

さらに病院経営や、次章で紹介する学校経営といった分野もそうです。

中国の病院はつねに大行列していることで有名です。子供をつれて中国に帰っているとき、夜中に娘が熱を出したことがありました。私の父母が地元の病院に連れていったのですが、夜12時に病院に着いて、先生に診てもらえたのは朝5時です。

そのころには娘の熱はだいぶ下がっていて、逆に父母がヘロヘロの状態に。このときの経験が、いまだに娘のトラウマになっているようです。

ローカルな総合病院では4時間待ち、5時間待ちが珍しくありません。だから、第1章で見たような行列代行業が人気を呼ぶわけです。

いまの中国には「お金を出してもいいから、もっと早く診察してほしい」というニーズは大きい。そのスキマをついたのが台湾人なのです。

日本人医師なんて必要ない

中国の病院では、まず受付料金を払って番号札をもらいます。ローカルな総合病院だと、受付料金が10元（約170円）程度。さらに診察料や薬代を払うわけですが、保険が適用されるので安い。すべて合計して50～200元（約850～3400円）ぐらいにしかなりません。ただし、数時間も待たされるのが難点です。

大きな最新病院なら、内部にVIP外来を用意しているので、そこだと優先的に診てもらえます。ただし、受付料金は500元（約8500円）もします。待ち時間はないものの、保険がきかないため、検査して診察してというと合計2000～3000元（約3万4000～5万1000円）もかかってしまう。

すさまじい待ち時間に辛抱するのか。それとも、すさまじい出費に辛抱するのか。もう究極の選択ですよね。つまり、スキマがあった。

そこで台湾人が、受付料金300元（約5100円）程度の私立病院を作ったわけです。診察料も安いので、保険がきかないといっても合計1000元（約1万7000円）にはおさまります。この程度なら利用できないことはない。待ち時間がないだけで十分に価値がある。だからプチ富裕層に人気なのです。

こうした病院は、台湾人の医師をウリにしているわけではありません。大半は中国人の医師です。でも、べつに患者の側はそんなこと気にしていない。すぐ診察してもらえるかどうかがポイントなのですから。

中国にも日本人経営の私立病院はありますが、少ない日本人スタッフで日本人患者だけを相手にしている印象があります。ビジネスと割り切って施設だけを日本が用意し、診察は中国人医師にまかせるケースがあってもいいのではないでしょうか。日本をウリにしたいなら、スター医師が月に1〜2回、訪中すれば十分です。

上海には4万人もの日本人が暮らしていますから、彼らだけを相手にしても商売は成り立ちます。でも、せっかく中国に来ていながらもっと大きなビジネスチャンスを狙わないのは、もったいない気がします。

スタートは一等地の路面店を

２０１６年からコメダ珈琲が上海に進出してきました。

上島珈琲ＵＣＢが喫茶店文化を定着させて以降、中国の喫茶店もかなり成熟しました。プチ富裕層に好まれるお店は二極化しています。

ひとつは、スターバックスに代表されるお洒落なカフェ。オーストラリアから帰国した中国人女性が作ったＷＡＧＡＳというチェーンも人気です。どちらも少し値段は高くても、そこで飲んでいること自体がスタイルになるカフェです。

もうひとつは、こだわりの店主がいる個人経営の本格カフェ。清澄白河で深度游する個人旅行者の話をしましたが、その手の本格的なカフェがずいぶん増えています。本屋とカフェを併設したような店もあります。

では、コメダはどちらなのか？　個人経営ではなくチェーンです。しかし、スタバやＷＡ

GASのようなお洒落感はなく、日本風の喫茶店といえるでしょう。中国人から見ると、ちょっと中途半端な印象になると思います。

それを知ってか知らずか、コメダは日本人街に出店していますし、置いてある雑誌も日本語のものが多い。上海に住んでいる日本人をターゲットにしているのでしょう。でも、日本企業を応援したい私としては、「本当にその場所でいいの?」と思ってしまいます。中国人を相手にしないかぎりビジネスは拡大していかない。

コメダの本拠地は名古屋。名古屋の喫茶店といえばモーニング文化です。じつは中国の喫茶店にモーニングセットはありません。スキマなのです。中国人にとっては「この値段で、このセットが食べられるのか」とサプライズがあるはず。ハウスやキユーピーと同様、新しいマーケットを創り出せる可能性はあると思うのですが……。

立地は非常に重要です。ダイソーが上海に出店すると聞いて、見学にいったことがあります。中心街を離れたショッピングモールの地下1階にあって、私のように「わざわざ探しにいった」人間にしか見つけられない場所でした。これでは認知度は高まっていきません。日本で出店するときの感覚で場所を決めたのだと予想しますが、中国には中国のやり方があり

メイソウの南京西路店（左下）。上海一の繁華街である南京路に路面店をかまえる

ます。

日本では「なんちゃってダイソー」などという声があったメイソウ（名創優品）ですが、彼らは繁華街の中心地に路面店として展開しています。駅から近いし、すぐ見つかる場所ばかりです。お店は無印良品を意識したようなお洒落な作りで、店内は明るく、女性にも入りやすい。中国人にとってのイメージははるかにいいのです。

100円ショップであっても繁華街に出店してイメージを高める。最初は無理することになるでしょうが、認知度さえ高まれば、消費者の人口は日本の10倍です。あっという間に店舗数は増えるし、利益も出る。その先に上場も見えてきます。これが中国流のビジネスなのです。

味千ラーメンの上海1号店は、最大の繁華街のひとつ淮海路に路面店として出店していま す。淮海路は、日本でいうと東京・銀座のイメージでしょうか。古くからひらけているぶん、時代の最先端をいく若者の街ではないものの、旧フランス租界の建物も残り、街路樹もきれいで、格調の高い街です。

日本では低価格衣料の代名詞であるユニクロも、同じ淮海路に世界最大のグローバル旗艦店を出してから、知名度を飛躍的に高めました。本気で中国ビジネスを展開していこうと思うなら、一等地の路面店であることはゆずれないのではないでしょうか。

なぜユニクロが人気になったのか

ユニクロや無印良品が中国で大人気なのも、見事にスキマをついたからです。

ほんの30〜40年前まで、中国は人民服の紺一色の世界でした。その後、改革開放でいろんなファッションが生まれたものの、中国製はデザインがいまひとつで、丈夫でもありませんでした。たしかに値段は安い。でも、お洒落な若者を満足させるものではなかった。

もちろん、お金さえ出せば、格好いいものは買えます。欧米のブランド品です。でも、これはさすがに若者には高すぎます。

要するに、中間の部分がスッポリ抜けていた。中国製よりは多めにお金を払ってもいいけれど、欧米のブランド品ほどは出せない。その中間ぐらいの値段で、品質がよくて長もちし、それでいて恥ずかしくないデザインの服装が欲しい――。若者たちは、誰もがそう願っていました。

その真空地帯にスポッとはまったのがユニクロや無印良品だったのです。「中流の国」日本ならではのファッションが生きたわけですね。特に地方から大都会に出てきて会社勤めしている若者には、ユニクロは圧倒的な支持を受けています。

日本でも大々的に報道された2017年11月11日「独身の日」のネット大特売でも、ユニクロの売上は女性アパレル部門1位、男性アパレル部門2位を獲得しています。

中国のユニクロには、日本では買えない中国オリジナル商品も多い。立地を考えているだけでなく、マーケティングもしっかりやっていて、本気で中国マーケットを開拓していこうという意気ごみが感じられます。

値段も安い。日本の価格と同じに設定されているので、中国人には「少し高い」と感じる程度です。あえて難をいうなら、日本より新製品の発売が遅れることだけ。訪日中国人たちが日本に来てもユニクロで買い物をするのは、最新の商品をゲットしたいからなのです。

無印良品「性冷淡」のライフスタイル

ユニクロが日本と同じ値段で売っているのと異なり、無印良品を中国で買うと、日本の数倍します。かなり高級路線といえます。それでも大きな支持を受けているのは、これまたスキマをついているからです。

中国では無印良品の性格を「性冷淡」と評します。シンプルで、無駄な装飾がない。「普段着のほうが格好いい」という価値観です。こういう価値観は、それまでの中国ファッションに存在しませんでした。まさにスキマです。

ゴージャスではないけれど、チープでもない。むしろ余計なものを削ぎ落として、本質だけを残したイメージ。そんな日本の禅に通じるイメージを、中国の若者は無印良品に対して抱いています。

ここまで本書を読んできた方には、これがいかに中国人の嗜好と違うか、想像がつくと思います。無印良品の「性冷淡」は、日本人の「老実」に通じます。中国人の感覚からすると地味すぎるのです。

だから、私たちの親世代は嫌がります。こういう服装を見ると、貧しかったモノトーンの時代を思い出すのかもしれません。「なんで、もっと目立つ格好をしないの?」と不思議に感じる。私の世代が子供のころは、ずいぶん派手な格好をさせられました。その反動が、無印人気につながっているのかもしれません。

いずれにせよ、無印良品は単なるファッションというより、ライフスタイルを提案しているわけです。プチ富裕層は成金のようなお金のつかい方をしません。深度游することでわかるように、お金の多寡とは別の部分に価値を見出そうとしている。そんな気分にピッタリ合うのが無印良品なのです。

ブレンドコーヒーを飲むよりカプチーノを選ぶ。上乗せするのは、たった数十円です。でも、その数十円が、ライフスタイルとしてはものすごく大きな違いになる。それを理解しているのがプチ富裕層など、新しい価値観をもった人たちなのだと思います。

うか。

なぜドラッグストアが好きなのか

訪日中国人の爆買いと聞くと、マツモトキヨシを思い浮かべる人が多いのではないでしょうか。

じつはドラッグストアという業種もスキマです。中国には、漢方薬をあつかうような薬局しかありませんでした。少なくとも若い女性がたむろする場所ではありません。化粧品も日用品もお菓子も買えるドラッグストアという存在自体が衝撃的だったのです。

化粧品の対面販売に腰が引けてしまう中国人女性は、いまだに少なくありません。ドラッグストアなら、気がねなく化粧品が選べます。だから若い女性を中心に人気が出た。

中国では日本ほどメーキャップが一般化していません。化粧して外出する習慣がない。うちの上海オフィスにもスッピンで出社する女性社員がけっこういます。

中国で人気があるのは、むしろ化粧水などスキンケア商品のほうです。訪日中国人がコーセー「雪肌精」を爆買いする姿はニュースでも報じられました。同じアジア人として、日本人の肌質のほうが自分たちに近いと考えているのです。

メーキャップ商品ではケタ違いの宣伝費をかける欧米のブランド品にかないませんが、スキンケア商品では日本企業が押しています。こうしたスキンケア商品を買うだけだったら、デパートの専門店に行くより、ドラッグストアで簡単に買ってしまいたい。そうしたニーズにピッタリ合ったわけですね。

中国にも続々とドラッグストアが誕生しています。しかし、薬に関しては規制があって、日本の薬は買えません。だから、話題になった「日本に行ったら絶対に買うべき神薬12」を買いあさる現象が起きたわけです。

化粧品や日用品なら中国でも買えるのですが、関税がかかるため値段が高い。日本だと1200円ぐらいで売っているフェイスマスクが、中国では2000円ぐらいします。中国人に大人気の豆乳洗顔フォームだって、日本で500~600円で買える商品が、中国だと75元（約1300円）する。2倍です。

食べ物でいうと、「ロイズ」の生チョコ。北海道土産の定番で、いまや中国でも非常に有名なお菓子になりましたが、日本で600円の商品が、中国で買うと108元（約1800円）。なんと3倍です。

基本的に日本製品は中国で買うとものすごく高い。日本の2割増し程度で買うことができるのは、ハウスのカレールウなど現地生産しているものだけです。だから訪日中国人は、中国で買えるものであっても、日本のマツキヨで爆買いしていくわけです。

なぜウィーチャットを重視すべきなのか

マツキヨもそこを理解して、免税専門の店舗を最初に作りました。

団体旅行者は時間がないので、自分で商品を選びません。親戚などから頼まれてきた商品リストを店員に渡して、お店側に用意させる。免税の手続きだって、慣れてない人だと1枚10分もかかったりします。中国人客はイライラするし、日本人客にもストレスがかかる。だから免税専門店を用意したわけです。

マツキヨはさらに、情報発信にも力を入れます。中国語のモバイルサイトを立ち上げ、ウィーチャットのアカウントも作った。ものすごい発信頻度で、1日5本ぐらいの更新があります。何%オフというクーポンもよく配っています。

いま旅行サイト「シートリップ」で宿の予約をすると、すぐにショートメールがきて、それにマツキヨのクーポン券がついていたりもします。ここまで熱心に中国向けの情報発信をしているドラッグストアは、ほかにありません。

日本と違い、中国はスマホ一色の世界です。10年前のマーケティングは「バイドゥで検索したときに、いかに上位に表示させるか」でした。しかし、いまやパソコンで検索する人のほうが少ない。だからモバイル版のホームページと、ウィーチャットによる情報発信が、マーケティングの2本柱になるのです。

ウィーチャットが重要なのは、こちらから一方的に情報を流せるからです。パソコン版のホームページのように「向こうから来てくれるのを待つ」よりはるかに効率的です。それでもモバイル版のホームページを用意するのは、ウィーチャットから誘導して、より詳細な情報を伝えるためです。

日本でマツキヨのファンになり、中国に帰ったあとも越境ＥＣ（電子商取引）サイト「天猫国際」でマツキヨから買う中国人は少なくありません。

これって、考えてみればすごいことですよね。マツキヨはあくまで小売店であって、そこでしか買えない商品が基本的に存在しないからです。よそでも買えるのに、マツキヨで買う。

そうした行動を生んでいる秘訣が、中国語による頻繁な情報発信なのです。

「マツキヨ現象」は誰にも起こりうる

でも、不思議だと思いませんか？　マツキヨは日本において売上高でも店舗数でもナンバーワンのドラッグストアではありません。ところが中国人にとってはドラックストア、イコール、マツキヨという存在になっている。ほかのドラッグストアの名前を知っている中国人は、ほとんどいないと思います。

マツキヨのスマホ戦略がそこまで効果的だったのかと思って調べてみたら、驚きました。マツキヨが中国語のモバイルサイトを作ったのは2015年末だったのです。ウィーチャットのアカウントをとったのも同時期です。

2015年というのは、「爆買い」という言葉が日本の流行語大賞をとった年です。翌2016年には中国当局が関税を引き上げて、「爆買いは終わった」といわれました。つまりマツキヨがスマホ戦略を始める前に、すでに中国人にはロコミでマツキヨ人気が定着していたということです。

おそらくこれも立地の問題でしょう。ほかのドラッグストアが郊外に大きな店舗を展開するのと違い、マツキヨは駅前に小さな店をかまえていたり、渋谷や銀座の繁華街に店を出していたりします。自然と観光客の目に入るわけです。

たまたま訪日中国人の誰かがマツキヨに入って、気に入り、SNSにアップする。それを見た人が拡散して、次々と中国人が来客する。そんな形でオンリーワンの存在になったとしか考えられません。

日本人は海外旅行をするとき、必ずガイドブックを持参します。でも、訪日中国人がガイドブックを抱えている姿を見たことがないはず。彼らの情報源はほぼすべてスマホです。もともとマスコミ不信があって、友人の言葉のほうを信じる傾向があるからでしょう。中国社会とSNSは親近性が高いのです。

ネット経由の情報は断片的です。その断片情報だけで中国人は判断する。日本人がガイドブックで俯瞰（ふかん）したあと、個別情報に入っていくのと対照的です。だから「マツキヨだけがドラッグストアだ」という現象が起こるわけです。

逆にいえば、いま中国でまったく知られていない企業にも、「マツキヨ現象」は起こりうるということです。日本の業界ではナンバー3、ナンバー4でも、中国では独占的な地位を築ける。成功のカギは、「中国のスマホ化社会をどう制するか」にあるわけです。

中国企業はこのことをよく理解しているので、すでに1000万社もの法人がウィーチャットにアカウントを作っています。日本企業も乗り遅れてはいけません。

ウィーチャットは日本で「中国版LINE」と紹介されることが多いのですが、機能はもっと多彩です。インスタグラムは中国では使えないので、写真をアップするのもウィーチャットです。第1章で見たように個人間の送金もウィーチャットペイでできますし、電気代やガス代の支払いもできます。フェイスブックのように、友人と連絡をとるのも簡単。まさに万能アプリなのです。

最近は、ある程度、先方と親しくなったら、ビジネスの連絡もウィーチャットでやってしまいます。メールを使う機会が減りました。契約書だって、ウィーチャットで送ってしまうのです。

中国人はほぼすべての活動をウィーチャットに集約させているわけですが、そのユーザー数は、なんと9・6億人です。これを聞いてもウィーチャット対策なしに中国ビジネスを考える日本企業があったとしたら、どうかしています。

網紅は20代で何十億円稼ぐ

少し前までの中国には、先進国に当たり前にあるものが存在しませんでした。たとえば電話線がはりめぐらされていないので、各家庭に固定電話がありませんでした。だから携帯電話が爆発的に普及した。

老人もスマホなしには生活できない

しかも、携帯電話がいきわたる前にスマホが登場したので、日本を上回るスマホ大国になった。日本はガラケー時代が長く続きましたが、中国ではほとんどなかったため、老人でもガラケーを飛び越えてスマホからスタートです。

同じような「飛び級」はいくらでもあります。たとえば、出版文化が成長しきる前に、紙媒体離れがきてしまった。だから、グルメ雑誌を飛び級して、いきなり大衆点評があらわれたわけです。情報誌も少しは存在するのですが、出版不況に巻きこまれて虫の息です。だから、みんなスマホ経由で情報を得る。

日本ではいまだにテレビや雑誌の情報のほうが、口コミサイトより信頼されているのではないでしょうか。でも、中国にはテレビや雑誌の情報が少ない。ないのだから、口コミサイトに頼るしかありません。

ここで問題なのは、中国の口コミサイトは信頼性が低いことです。日本以上にヤラセの称賛記事や、競合他社の足を引っ張る記事があふれています。あるIT企業のPR担当者など、「自社製品を宣伝する予算より、他社製品に嫌がらせをする予算のほうが多い」といっているほどです。

そうなると、頼るべきは、親しい友人や親戚たちの意見だけです。さらに「網紅（ワンホン）」による評価です。網はインターネット、紅はホットという意味。ネット上の有名人で、いわゆる「KOL（キー・オピニオン・リーダー）」のことです。

特にファッション業界における網紅の影響力はすさまじく、網紅が紹介した服は、たちまちECサイトで売り切れたりします。彼女たちは顔もスタイルもよく、素人でありながらプロのモデルのようです。こうしたファッションリーダーが写真をSNSにアップすると、特に地方都市の若い女性が飛びつくわけです。

売れっ子の網紅になると、商品の売上高の何%かをもらう契約ですから、20代であっても何億円、何十億円という収入を得ています。

最近も黎貝卡（リペイカ）という網紅がミニクーペとコラボして、オリジナルの車を宣伝しました。するとツイートから4分後には、用意した100台がすべて売り切れてしまった。28・5万元（約485万円）もする車がです。人口が多いぶん、ファンの数も半端じゃないのです。

黎貝卡のウェイボー（微博。中国版ツイッター）のフォロワーは160万人ですが、500万人以上のフォロワーを抱える網紅も存在します。となると、ファッション雑誌に広告を打つより断然、効率がいい。

企業側も網紅の影響力をマーケティングに利用しようとしています。ただ、ツイートを彼らに転送してもらうだけで何千万円もとられることがあります。芸能人のCM出演料にしても、いまや日本よりはるかに高額になっています。

大阪市観光局の依頼で『行楽』がまねいた網紅。2017年春に特別販売していた「ジンベエザメソフト」などオリジナル商品を、中国に向けて発信してもらった

旅行業界はもっと地味で単価も低いのですが、私たちも日本に網紅たちを連れてきて、各自治体のPRに一役買ってもらっています。彼女たちの「秋田の○○屋で食べた稲庭うどんがおいしい」という発言は、大衆点評より信頼性が高いと思われているからです。

グリナザ効果で売上5倍に

2017年夏、中国で大きな話題になったのが「ナリスアップUVスプレー」。中国では売り切れ続出で、うちの上海オフィスのスタッフたちも「買えない。買えない」と大騒ぎしていました。

ナリス化粧品は2014年から中国でもEC展開しています。しかし、中国で日焼け止めといえば、資生堂の「アネッサ」。ナリスアップUVスプレーの知名度は、ほとんどなかったといってていいでしょう。

ところが、超人気テレビ番組『花と少年3』で紹介されたことで、一気に有名になったのです。8人の芸能人が旅に出る番組ですが、日の出の勢いの若手女優グリナザ（古力娜扎）がこの商品を取り上げたのでした。

彼女はウイグル族です。私のような漢族から見ると、ほぼ西洋人に見えます。肌がとっても白いので、紫外線は大敵です。彼女が白い肌を守る秘密兵器としてスーツケースから4〜5本も取り出したのが、このスプレーでした。

番組終了後、網紅たちがこの情報を拡散して、またたく間に売り切れ続出になりました。一夜にしてアネッサに匹敵する人気商品に変わったのです。

ナリス化粧品によると、2015年11月〜2016年10月の中国向け出荷数は47万本。これが2017年4月の番組放送のおかげで、2016年12月〜2017年11月には219万本になった。5倍増です。もちろん、日本国内向け出荷数よりはるかに多いことはいうまでもありません。

うち以外はすべて偽物です

　ここから先は日本人には見られない行動なのですが、中国で売り切れ続出となると、日本に住んでいる中国人たちが買い集めて、個人輸出で稼ごうとする。「５０００本欲しいんだけど、どこかで売ってない？」というツイートを見たことがあります。

　アリババにはふたつのモールがあって、「淘宝網（タオパオ）」というのがＣｔｏＣサイト。「天猫（Ｔモール）」というのがＢｔｏＣサイトです（マツキヨやナリスが出店している「天猫国際」というのは、天猫のなかの越境ＥＣ部門です）。

　淘宝網はヤフーオークションのようなものですが、日本と比較にならないほど盛り上がっているのが、中国らしいところ。個人が個人に売っている。日本在住の中国人が買い集めたナリスアップＵＶスプレーも、淘宝網で売られます。

　中国の悲しいところですが、人気商品になると、必ず偽物が登場します。

「あなたたちが見ているナリスアップＵＶスプレーの99％は偽物です。正真正銘の本物はうちでしか買えません」

淘宝網には、そんな刺激的なコピーが乱舞しています。

なかには日本のドラッグストアで買っている証拠写真がついたものもあります。ところが、日本で定価１２７４円のものを、60元（約１０２０円）で売っていたりする。明らかに偽物ですよね。「私は日本に定住しているから安心です」と書いておいて、じつは日本に来たことすらない人までいます。

こうした個人輸出をしている在外中国人は多いのです。フランスのブランド品など、１個何十万円の世界ですから、領収書をつけるのが暗黙のルールになっています。ところが、偽物の領収書が売買されているので、それも信用できない。

日本製品でも、資生堂の「クレ・ド・ポー　ボーテ」のような高級化粧品の場合、淘宝網で購入シーンの動画を見せたりします。ところが、実際には買っているふりだけだったりして、ここまでくると笑ってしまいます。

天猫国際に出店する日本企業が増えてきたので、そうしたお店なら正規品が手に入るのです。でも、値段が高い。そこで、リスクをおかしながらも、個人輸出のなかで「信用できそうなのはどれだ？」と頭を悩ます人がいるわけですね。

楽天の1年ぶんがたった1日で

いずれにせよ、中国のネット空間では、すさまじい規模のお金が動いています。日本企業がこれを取りこまない手はありません。「天猫国際ではだまされないから、結局はこっちのほうが得だ」と考えるプチ富裕層だって多いのですから。

2017年の「独身の日」の天猫の売上総額は1682億元（約2兆8600億円）でした。楽天の1年間の流通総額（楽天市場に楽天トラベルや楽天マートなどの数字を合算したもの）に匹敵する金額が、たった1日で達成されたわけです。

ちなみに、2016年の売上総額が1207億元（約2兆円）ですから、1.4倍になった。いまのところ勢いが止まる気配はありません。

毎年、11月11日は戦争状態。狙いをつけた商品を前日からカートに入れておき、11日になると同時に購入ボタンを押す。いっせいに注文が入るので、0.0何秒の勝負です。天猫の売上が100億元（約1700億円）を突破したのは、2016年が6分58秒後だったのに対し、2017年は3分1秒後になりました。年々エスカレートしている。

ＥＣサイトはアリババだけではありません。第2位の京東集団も、アリババの始めた「独身の日」のネット特売に相乗りしましたが、２０１７年の売上総額は１２７１億元（約２兆１６００億円）と、前年の天猫の記録を抜いています。

高級品をあつかうショッピングモールには、閑散としているところも少なくありません。本当にお客さんがいない。ＥＣサイトが異常に盛り上がっているのとは好対照です。商取引の分野でも、中国は飛び級してしまったようです。

なぜ贈り物に領収書を入れるのか

正直で自分を大きく見せないのが日本人の美質です。でも、日本企業のビジネスを見ていると「自己宣伝が下手すぎないか？」と思うときがあります。中国人を相手にするときは、多少、中国人の感覚に合わせても問題は起こらないと思うのです。

訪日中国人がなぜあれほど大量のお土産を買いこむのか？　みんなに配って「すごいやつだ」と思われるためです。一種の自己宣伝なのですね。

相手がそれなりに重要な人物の場合、「これって高価だな」と相手にすぐ伝わるものを選びます。たとえば日本酒をお土産にするなら、桐箱に入ったものとか、「新酒鑑評会で金賞を受賞」と書いてあるものです。金箔入りでもいいし、立派な包装でもいいですが、パッと見た瞬間に価値が伝わらないといけない。

お世話になった人にプレゼントを贈る場合も同様。モンブランの万年筆とか、ミキモトの真珠ペンダントとか、誰でも知っていて、すぐ価値のわかるものを選ぶ。

どんなにいい商品であっても、相手に価値が理解されないなら、贈り物の意味はない――。中国人はそう考えます。

私が小さいころは、贈り物に領収書を同封するのが一般的でした。値札を切ってから渡すようになったのも、この10年だと思います。さすがに露骨だと考えるようになったのか、そういう習慣は消えつつあります。でも、そうなると判断基準がない。そこで見た瞬間にピンとくるものが好まれるわけです。

中国人が贈り物をするとき、こう考えて渡します。

「私にとって、あなたはこんなに特別な存在なんです。だから、こんなに高いものを買いました。どうか私の重い気持ちをわかってください」

こういう中国人の心性を前提にすれば、日本製品も、いかにこれが価値のあるものか、いかに特別なものか、もっとアピールすべきだと思います。そのほうが中国人観光客はよろこびます。決して「謙虚さが足りないなあ」なんて思いません。

日本のお菓子で「モンドセレクション最高金賞を受賞」なんて書いてあるものがありますよね。日本人の大半は「なんだ、それ？」と流してしまうと思いますが、中国人は真剣に読んでいます。そういう自己アピールが重要なのです。

ミシュランに人気があるのも、「日本パンサイトで人気ナンバーワン」といううたい文句が効果的なのも、同じことです。「知る人ぞ知る名品」では、周囲が感心してくれません。

まあ、背景には、日本のような均一な社会ではないこともあると思います。13億人もいれば、本当にいろんな人がいる。和菓子の包み紙を見るだけで「ああ、このぐらいの値段ね」と想像のつく日本社会とは違って、わかりやすい記号が必要なのです。

なぜ自撮りが好きなのか

カシオの自撮り専用デジカメが中国で爆発的に売れているのをご存じでしょうか？　日本

ではあまりヒットしなかったのに、中国の若い女性たちはこれに飛びついた。写真修正機能がついていたからです。

この背景には、堂々と自己アピールできる国民性があります。「私ってこんなにきれいなの。みんな見て」と、次から次からSNSにアップする人もいます。

結婚写真にしても、日本人なら顔を赤らめそうな派手な衣装を着て、女優さんのようなポーズでとります。「沖縄で結婚式なんてどうですか？」と、日本人カメラマンのとった結婚写真を見せると、「こんな地味な写真をとるために沖縄に行くなんてバカバカしい」という反応です。

これはほかの分野でもそうで、たとえば日本の美容室に連れていくと、「もの足りない」という中国人がいます。日本のヘアカットもメイクもそうですが、ナチュラルが基本。使用前・使用後であまり変化がないほうが好まれます。でも、中国人は「お金を払ったんだから、使用後は大きく変わっていないとおかしい」と考えるわけです。

いずれにせよ、自己アピールしたい人が多いと思います。自分の「顔値」を上げたい。

最近は写真修正アプリが増えてきたので、自撮り専用デジカメでなくスマホを使うほうが主流になりつつあります。先日も取材旅行中、うちのスタッフがスマホに一所懸命話しかけているので、ビックリしました。

「痩一点（ショウイーディエン）。痩一点（もうちょっと細くして）」

スマホにそう話しかけるだけで、どんどんスリムな体型に修正されていきます。「美一点（メイイーディエン）。美一点（もうちょっと美しくして）」と話せば、色白の美肌に変わります。

当然、日本へ旅行に来ても自撮りをして、すぐＳＮＳで友達に自慢します。だから、迎える側も顔値を意識したほうがいいのです。いかに気持ちよく自撮りしてもらうか。それを考えるのもサービスのひとつでしょう。

金箔ソフトは顔値が高い

たとえば、雑誌『行楽』で紹介して人気が出たものに、金沢の「金箔のかがやきソフトクリーム」があります。ソフトクリームの上に10センチ四方の金箔を貼ったものですが、顔値が高い。９００円もしないのに、これだけのインパクトがあれば申しぶんありません。写真にとって友達に自慢できます。

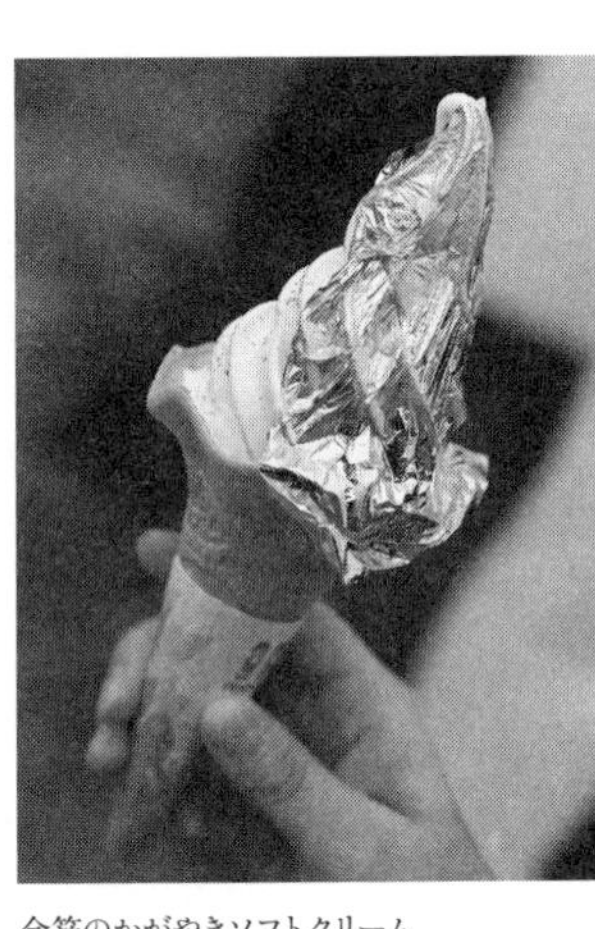

金箔のかがやきソフトクリーム

金箔貼体験ができる「金銀箔工芸さくだ」には、金箔のトイレがあります。これなんかも絶対、友達に自慢したくなりますよね。顔値という意味では満点です。

日本人は実をとる人たちだと思います。「金箔を貼ったって、味は変わらない。そんなことより、もっとおいしいソフトクリームを作ることに力をそそぐべきだ」

そんな反対意見が出てきそうです。それはまったく、おっしゃる通り。でも、日本人の職人気質として、逆に「観光旅行者にとっては見た目も大切なのだ」という点が忘れられがちだと思うのです。指摘したいのはそこです。

なお、たまたま金沢の名物が金箔だから、その実例を紹介しただけで、キンキラキンにするのがいいのだ、という意味ではありません。中国のキンキラキンのお寺に比べて、日本のお寺は地味です。でも、訪日中国人は満足して帰っていきます。

ただし、彼らに人気の神社仏閣を見ると、傾向が見えてきます。赤い鳥居が延々と続く伏見稲荷。海のなかに建っている厳島神社。山の中腹に舞台を作った清水寺……。そう。どれも顔値が高いのです。

ここは写真映りのいい場所なのか？　これは写真映りのいい商品なのか？　写真映りが悪いとしたら、どの部分に問題があるのか？　顔値という視点ですべてのサービスを見直してみてください。資金難の地方自治体にとっては、あまりお金をかけずに集客効果を上げるいい方法だと思います。

赤ワインで乾杯？

中国社会は変化のスピードがものすごく速いので、たまに中国に帰ると「あれっ？　いつからこうなったの？」ととまどうことがあります。たとえば宴会に出たとき、ウェイトレスが赤ワインをグラスにほんのひとくちしか注いでくれないのです。

「もっと飲みたいのに。どうしてこんなにケチケチしてるの？」

日本の感覚でそう思っていたら、赤ワインで乾杯が始まりました。

中国の乾杯は日本と違い、文字通りすべてを飲み干すのがルールです。一人で勝手に飲むのは失礼な行為とされるため、誰かがグラスを手にしたら、必ず誰かと乾杯します。隣の人と乾杯するのか、そこにいる全員と乾杯するのかはさておき、とにかく乾杯はすることになる。日本のように自分のペースで飲めない。

こうなると、日本人には想像もつかないぐらいの量を飲むことになります。だから白酒（バイジウ）のグラスも、紹興酒のグラスも、非常に小さいのです。酔っ払いすぎないよう、1回当たりの量を減らしている。そのやり方を赤ワインにも適用していたわけですね。ただ、小さなワイングラスがないので、ひとくちしか注がなかった。

日本人がワインを飲むとき、フランスのルールに従おうとします。でも、中国人は、自分たちのルールにワインのほうを従わせている。私にはその違いがすごく面白い。必ず飲み干すと聞いて、フランス人はビックリするのではないでしょうか。

10年ぐらい前まで、乾杯といえばマオタイ酒などの白酒か紹興酒でした。ところが、私の知らないうちに、その一部が赤ワインに置き替わっていたわけです。

話を聞くと、最近は赤ワインで乾杯することも増えていて、そういう場合は主催者が自分好みのワインをケースでもちこむそうです。出席者が10名なら20本ぐらいはもちこみますから、ものすごい消費量です。いつの間にか中国はフランスを抜き、ワイン消費量で世界一の座についています。

中国人はお酒が大好きです。スピリッツ（蒸留酒）の一人当たり消費量は、世界平均が年間3リットルなのに対し、中国は4・3リットル。白酒をそれだけ飲んでいる。その大半は乾杯によって消えているはずです。

中国には日本のように一人で飲みにいく文化がないし、上司と部下が飲みにいったりすることも稀です。それでも家族や友人と食事をしたり、仕事で接待したりと、乾杯の場にはこと欠きません。この巨大な乾杯マーケットをワインは攻略したわけです。

ワインには高級なイメージがありますから、接待のときに飲むと、主催者の面子が立つ。高価な外国のお酒と、中国の面子文化が見事にマッチしたわけです。

「柚子こころ」はなぜヒットしたか

赤ワインで乾杯するようになったと知り、正直、私はくやしく思いました。

「なんでこれが日本酒じゃないの……」

洋食にワインではなく、中華料理にワインを合わせているわけで、これが日本酒であっても不思議ではありません。中国ではフレンチやイタリアンより日本料理のほうが人気はありますから、日本酒で乾杯することに抵抗はないはず。実際、私が上海で飲むときは、日本酒で乾杯をおこなっています。

ところが日本酒は、消費量を飛躍的に伸ばすビジネスチャンスを逃してしまった。欧米のワイン業者は戦略的に「巨大消費地」を取りこむ努力をしたのでしょう。日本酒業者にも同じことができたはずなのです（そのために高級な日本酒の種類を増やすとか、工夫は必要でしょうが）。

こういう点、日本企業はまだまだ努力不足なのかなと思います。日本酒がもっとポピュラーな存在になれば、蔵めぐりを目的に来日する人も増えるでしょうが、まだほとんどいません。ヨーロッパやアメリカでワイン蔵めぐりをする中国人はたくさんいるというのに。

いま中国で名前を知られている日本酒は、ブームになっている「獺祭（だっさい）」ぐらいでしょう。焼酎となると、ほとんど知られていません。

上海での鹿児島県観光ＰＲイベント。薩摩酒造ブースには「柚子こころ」も並んだ

ただ、希望はあります。薩摩酒造（上海）の方に聞いたのですが、「柚子こころ」というお酒が上海ですごく売れているらしいのです。焼酎を柚子の搾り汁で割ったお酒ですが、女性ウケする可愛らしい瓶とパッケージ。顔値の高い商品です。

中国の女性はあまりお酒を飲まないと書きました。でも、日本へ来てコンビニでピーチ味のチューハイなどを発見し、あまりに可愛いのでホテルで飲んでみたという話をよく聞きます。「柚子こころ」はこういう層にアピールしていると思うのです。

最近はイタリアンやフレンチ、和食をいただくときに、女性がお酒を飲むケースも増えました。特に日本の梅酒は人気が高く、私が中国人女性と日本料理屋に行くときは、9割がたの人が注文しています。

若い女性をターゲットにしたお酒は、フロンティアの分野です。まだ誰も攻略していない。ハウスは日式カレーライスという新しい食べ物を中国に定着させました。キユーピーもマヨネーズという中国人の知らない調味料を定着させました。同じことができる可能性はあると思うのです。

日本の「カワイイ」文化をもってすれば、この分野を攻略できるのではないか。「柚子ころ」の成功は、ひとつのヒントになる気がしています。

若い女性だけ？　ちょっとニッチすぎないか？　そう思われたあなた、中国には日本の10倍の若い女性がいることを忘れていませんか。日本ではニッチでも、中国では巨大市場になりうるのです。

温泉につかってお酒が飲みたい

高級ホテルの数は中国の大都会のほうが圧倒的に多いので、プチ富裕層は日本に来てまでホテルに泊まろうとは考えません。日本旅館を選ぶことが多いです。特に温泉旅館は「ザ・ジャパン」という感じで、何もかも新鮮な文化体験となります。

旅館に着くと、女将さんや仲居さんが膝をついて迎えてくれる。中国では考えられない光景で、「別の国に来たんだあ」と実感する瞬間です。

玄関で靴を脱ぐところからして面白く感じます。ときには知らずに靴のまま上がってしまう人がいますが、それでも仲居さんが文句もいわず、逆に申し訳なさそうな顔でうしろをついてくる。そういうことが美談になったりします。

「靴を脱ぐルールを知らず、そのまま上がってしまったんだ。でも、宿の人は文句もいわず、こっちが気づくまで待っていてくれた。客に恥をかかせないなんて、なんて気配りのできる人たちなんだ。日本人を見直した」

そんな美談は、ネットのあちこちで見られます。

コース料理も撮影大会の華ですから、一部の日本人のように「おいしくない」なんていいません。大満足です。文句があるとしたら、チェックアウトの時間が早いことや、夕食の時間が決まっていることぐらいでしょうか。プチ富裕層にとって、相手が柔軟な対応をしてくれないことはかなりストレスになります。

テレビや映画で、日本人が露天風呂にお盆を浮かべ、日本酒を飲むシーンを見ているため、それができないことにガッカリする人も少なくありません。温泉ではお酒を飲むものだと思いこんでいるのですね。

でも、これは旅館側のサービスの問題だと思います。お酒が飲める温泉もあるのですから、せめて貸し切り風呂で飲むぐらいは認めてあげてもいい。日本でビジネスをしている中国人はみな「日本人は融通がきかない」と不満をもらします。ことサービス業に限っては、もっと融通をきかせていいと思うのです。

貸し切り風呂で写真をとるぶんには、誰にも迷惑をかけません。温泉につかってお酒を口にする姿を、どんどんSNSで自慢させてあげればいい。旅館の顔値を高め、いかに気分よく自撮りしてもらうかを考えるべきです。もちろん、大浴場でやるといい出したのなら、きっぱり断ってかまいませんが。

日本の観光業者は「この温泉はマグネシウムが何％で……」なんてことをウリにしようとしがちですが、泉質の説明にほとんど効果はありません。それを聞いてワクワクして、日本

緑にかこまれた大分県・長湯温泉「翡翠之庄」は、典型的な顔値の高い温泉

へ行こうと考える中国人はいない。

アピールするなら、むしろ景色です。中国人はオーシャンビューが大好きという話はしましたが、海の見える温泉なんて、ものすごく魅力的です。紅葉の時期なら、山がきれいに見える温泉でもいい。渓谷にあって、川の流れが見える温泉でもいい。顔値が高いことををアピールすべきなのです。

もちろん、乳頭温泉のようにお湯が真っ白というなら、アピールポイントになります。お湯自体の顔値が高いわけですから。

同様に、500円でいろんな種類の浴衣をレンタルするとかいう工夫があってもいいですね。浴衣を着ること自体、中国人には一大イベントです。ただ、日本人の好む色味は、地味に感じてしまう。そこで、いろんな色や柄のものを用意するわけです。

部屋はタダでついてきた

日本のインバウンド対策として、よく「無料Ｗｉ-Ｆｉスポットを増やすべきだ」なんてことがいわれます。でも、こと中国人の個人旅行者に限っては、そこに不便は感じていません。シートリップなどで航空券を買えば、日本で使えるＷｉ-Ｆｉ機器がサービスとしてついてくるからです。

新しく何かを用意することより、いまあるものを正確に伝える。効果的に宣伝する。そちらのほうが重要だと思います。

私がすごくもどかしいのは、訪日した中国人のほぼすべてが「日本の旅館は安い」と感じているのに、そこをうまくアピールできていないことです。

中国をはじめ世界のどこでも、宿泊料金はルームチャージが基本です。日本のように食事込みの値段を提示している国が例外なのです。日本を知らない中国人に、その事実が伝わっていません。

宿泊料金2万円として、その程度の金額は、上海の高級料理店に行けば、すぐ消えてしまいます。外灘(ワイタン)でフレンチを食べれば1000元（約1万7000円）からの世界ですし、懐石料理でも同じです。つまり、コミコミで2万円というのは、「本場へ懐石料理を食べにきたら、部屋がタダでついてきちゃった！」という感じなのです。

ところが、この重要な事実が相手に伝わっていない。シートリップを見ても、「食事込み」を前面に出している旅館が見つかりません。中国人はその2万円をルームチャージだと思って読むのです。ルームチャージ2万円をさほど高いと感じていないのですから、「食事込みの値段です」と書くだけで、魅力は格段にアップします。

もちろん、競合に打ち勝つために、タイトルの工夫は必要でしょう。「5A松阪牛の懐石料理　オーシャンビュー」なんて書いてあったら、みんな目の色を変えると思います。「伊勢海老1尾つき」だっていい。要は、じゃらんで日本人相手にやっているのと、同じことをすればいいだけです。

シートリップに確認しましたが、そういう情報を追加するのはOKだそうです。べつに新規投資なんかしなくても、これだけで集客力は上がるはずです。まずは、こういうところから始めてみてはどうでしょうか。

宿泊代金はもっと高くてもいい

日本旅館は安すぎる——。これはプチ富裕層以上の中国人にとって共通の感想です。いま1泊2万円でやっている旅館が、明日から3万円とるようになっても、さほど違和感はおぼえないと思います。

特に地方は安い。秋田県を旅したいという友人のリクエストで宿泊施設を調べたことがあります。「秋田県　高級温泉」で検索して、いちばん高いのが2万8000円でした。もちろん、安い値段ではありません。でも、これで食事込みというのは、中国の富裕層にとってはタダみたいな値段なのです。

日本の大きな問題点は、富裕層を満足させるような高級リゾートがないことでしょう。中国の富裕層は世界の高級リゾートを知っています。バリ島の五つ星ホテルなど、辺鄙な場所にあって不便なぶん、リゾートの設備自体が充実している。ラグジュアリー感が半端じゃないのです。食事もいい。

そうしたことを体験ずみの富裕層が、たとえば沖縄のリゾートをおとずれると、なんとも寂しい気分になるそうです。だから、日本にはもっと高級ホテルがあっていい。ニーズはあるわけですから。

1泊10万円のホテルは、日本では最高級でしょう。でも、中国の三亜や世界の高級リゾートと比べると、驚く値段ではありません。もっともっと高額のホテルは、世界に山ほどあります。日本になさすぎるだけです。

よく聞くのは、「ミシュランの星つきレストランがホテルに併設されていれば、もっと魅力的なのに」という声。富裕層は当然、欧米に何度も出かけています。パリの有名ホテルの1階に有名レストランが入っていたりするのを、よく知っています。食を通じて宿泊施設の魅力をアップさせる手は、中国人には非常に有効なのです。

マイクロバスで夢を壊さないで

まあ、富裕層の話はさておき、プチ富裕層の不満を紹介しましょう。

奮発して1泊5万円の日本旅館に予約を入れます。それなりの金額なので、ワクワクして現地に向かう。ところが、駅に着くと、よれよれの法被（はっぴ）を着たおじさんが、よりによってマイクロバスで迎えにきている。これでガックリきてしまう。

海外の高級ホテルでは、リムジンで送迎したりします。べつにそこまでは求めませんが、旅の第一歩で夢を壊すようなことがあってはいけない。

外見より中身を重視するのが日本人の美質だと理解してはいますが、やはりサービス業はお客様に夢を見させて、気分を盛り上げてナンボです。日本人はそれが下手なぶん、ずいぶん損をしていると思います。

訪日中国人の意見で、「日本の仲居さんは頼むと何でもやってくれるぐらい親切なのに、どうして向こうからは声をかけてきてくれないんだ」という声は多い。それがサービス不足に思われてしまうなら、損をしているのです。恥ずかしがらず、自分たちがどんなサービスを提供できるか、どんどん提示していくべきです。

上海の高級ホテルにはたいてい、コンシェルジュがどんなサービスをやるか明記したカードが置かれています。たとえば靴を無料で磨きますとか、ドライクリーニング1枚なら無料でやりますとか。こうした「サービスの可視化」が求められています。

日本の宿泊施設の値段はもっと高くても問題はない。私はそう考えています。宿の側が値段のつけ方を間違えている可能性がある。外国人目線でなく、日本人目線で考えているからです。とはいえ、世界の超一流リゾートに匹敵する値段をつけようと考えるなら、まだまだ足りない部分も多いということです。

この章の冒頭で病院のＶＩＰ外来を紹介しましたが、いまの中国ではお金をたくさん出せば特別あつかいしてもらえます。スマホでタクシーを呼ぶときだって、当初はチップの金額を増やせば順番待ちの番号がくり上がりました（さすがに批判を受けて、いまはスタンダードプランとプレミアムプランの2本だてに変更されていますが、お金をたくさん払った人が特別なサービスを受けられる点は同じです）。

たくさんお金を払ったのだから、特別あつかいされて当然だ——。中国の富裕層やプチ富裕層には、そんな気分があります。たくさん払った人も、少ししか払わなかった人も、同じように大切にあつかう日本のサービスを、不満に感じるときがある。彼らが特別あつかいを求めている点だけは、頭に入れておくほうがいいでしょう。

少ししか払わない人も大切にするのは日本人の美質で、そこを変える必要はありません。でも、たくさん払った人にはほんの少しだけサービスを上乗せするとか、工夫はあっていい。それでないと、逆に彼らに不公平感をあたえてしまう。彼らの心をつかむためには、いまの中国社会への理解が不可欠なのです。

温泉だったら九州

『行楽』では日本の地方自治体のコンサルティングもやっています。「わが県に中国人観光客を呼びこみたい」と相談されたとき、どう発想していくかをご紹介しましょう。

たとえば九州各県はうちの大切なクライアントですが、日本人相手と同じ感覚でPRしても、中国人は魅力を感じてくれません。2011年に初めて仕事を請けたときは、中国人にまだ九州のイメージがなかったので、どう作るか苦心しました。

日本人にとって長崎は異国情緒というイメージでしょう。でも、古いオランダ風の街並みを見に、わざわざ日本に来る中国人はいません。特に租界時代の長い上海は、古い洋風建築だらけです。上海人が古い洋風建築を見るために長崎に来ることなどありえないのです。かといって、中華街では勝負できない。

福岡はどうでしょうか。日本人にとっては、博多の夜はおいしい食べ物だらけというイメージだと思います。でも、中国人はあまり臓物を食べないので、もつ鍋と聞いてもピンときません。鶏の水炊きだって、中国には鶏湯（チータン）があるのに、わざわざそれを食べるために来る理由にならない。豚骨ラーメンも中国で食べられます。

異国情緒も地元グルメも使えないなら、何が武器になるのか？　中国人が心ひかれるのは温泉です。由布院や黒川温泉は、中国でも知名度が上がってきています。「温泉だったら九州」というイメージで勝負するのが賢いのです。

「温泉なんて全国どこでもあるじゃないか。ここにしかないもので勝負したい」

そう考える人が多いでしょうが、それは非常に日本人的な発想です。中国には温泉がないという点に思いがおよんでいない。「どこにでもある」のは日本人にとっての話。大切なのは、お客様からどう見えているのかなのです。

中国にも少しは温泉がありますし、最近は「なんちゃって温泉」も増えてきています。とはいえ、温泉の本場は日本だというイメージは、中国人に定着している。そこへ訴えかけるわけです。だから私なら「上海からたった1時間半で本物の温泉に入れる」という部分をPRします。

温泉王国・九州――。こういうザックリとしたイメージが重要なのです。初めて日本をおとずれる人にとっては、それが入口ですから。

同様に、「青い海だったら沖縄」です。決して琉球文化やゴーヤチャンプルではありません。日本人相手にPRすることと、中国人相手にPRすることは分けて考えるほうがいい。

日本人観光客の穴を埋めるには

北海道はいろんな材料があって魅力的です。温泉もあれば大自然もあり、スキーもできる。でも、なるべくならひとつにしぼってPRするほうが効果的です。私は「海鮮だったら北海道」が、もっとも中国人にアピールすると思います。「ほかの地方だって、おいしい海鮮があるじゃないか」という考えは無用です。

北海道にはトマムのようなスキーリゾートもあります。然別湖(しかりべつこ)には雪原のなかの露天風呂もある。こうしたアイテムを、海鮮にからめていく。海鮮がおいしいのに、スキーもできる。

海鮮がおいしいのに、絶景温泉もある。こうPRするわけです。

ちょっと面白いのは瀬戸内で、瀬戸内国際芸術祭が始まってから、「アートだったら瀬戸内」というイメージが、プチ富裕層のあいだに広がってきています。うちの編集部にも「もしボランティアのチームを『行楽』で組織してくれるなら、ぜひ参加したい」という声がいくつも届いているぐらいです。

一方、東北地方は苦戦しています。安倍政権がインバウンドに力を入れて以降、どの地方も外国人観光客が2～3倍になっているのに、東北だけは数％しか増えていません。やはり、わかりやすい「○○だったら東北」というイメージがないからだと思います。PR努力もまだまだ足りないのでしょう。

じつは、東北には何でもあります。おいしい海鮮もあれば、最高のお米も日本酒もある。温泉の数も北海道の倍以上ある。世界遺産や指定文化財の数でも、北海道を圧倒しています。青森のねぶた祭や山形の花笠まつりといった夏祭りもある。ポテンシャルはすさまじく高いのに、知名度だけがない。本当にもったいない。

中国人は桜が大好きなので、弘前城の桜祭りは人気を呼ぶはずです。ねぶた祭だって同様です。ただ、問題は、これらの時期は日本人観光客も殺到するので、受け入れ余力にとぼしいこと。これは東北に限らず、阿波おどりの時期の徳島も、祇園祭の時期の京都もそうです。これ以上は受け入れられない。日本人の来ないシーズンを中国人が埋めてくれる。これがベストなのです。北海道の場合、10月はスキーには早いので観光客が減りますが、国慶節に入った中国人が大挙して来てくれるので、助かっているはずです。

1～2月に関しては、お正月をすぎるとどこの地方も観光客が減ります。春節で日本をおとずれる中国人に助けられている観光地も多いはず。ただ、東北の場合、この時期は雪に閉ざされてしまう土地も多い。悩ましい点です。

いかにすれば、シーズンを通して東北にお客さんを呼ぶことができるのか。わかりやすいイメージは何なのか。東北地方はうちのクライアントでもあるので、いまそれを考えているところです。

第　4　章

なぜ専業主婦が増えているのか

なぜレンタル・ボーイフレンドか

『行楽』読者の平均年齢は32・7歳。医師・大学教授・弁護士といった専門職についている人が2割。会社経営者や、外資系企業やIT系・金融系などの大企業につとめている人が4割弱。高学歴で高所得な人たちといっていいでしょう。

読者の7割近くは女性です。共産中国に対する日本人のイメージとはかけ離れているでしょうが、じつは彼女たちには専業主婦も多いのです。

では、どうして専業主婦という新しい階層が生まれてきたのか？　その背景をさぐると、中国社会の激変ぶりが実感できます。第1章では収入や資産などからプチ富裕層を分析しましたが、この章では社会的立場や教育の問題など、別の面から彼らの素顔に迫ってみたいと思います。

近年、上海・北京・広州といった大都市では、「DINKS」が増えてきました。ダブル・インカム・ノー・キッズ。共働きの夫婦で、子供は作らないと決めている人たちです。

それどころか、結婚しない人もかなり多いのです。

だから「おひとりさま」で食事できるお店も、この5～6年で急増しています。たとえば火鍋チェーンの「呷哺呷哺（シアブシアブ）」では、一人用の小火鍋がウリ。本来なら大勢でつっつく鍋料理を、一人でも楽しめます。大勢で円卓の大皿をつつくのが、中国の古典的な食事風景でした。社会が大きく変わってきているわけです。

中国社会では古来、孫の顔を見せるのが最大の親孝行とされてきました。脈々と続いてきた先祖の供養を、自分の代で終わらせるのは罪だと考えられてきた。結婚しないとか、子供を作らないとかいう選択肢は存在しませんでした。まったく新しい価値観の人たちが登場してきたということです。

一方、親の世代は古い感覚のままですから、30歳までに結婚しないと、催促の嵐になります。毎年、春節が近づくとウィーチャットの話題ランキングの上位に入ってくるのが、結婚の悩みです。

都会へ働きに出ている若者も、お正月には帰省します。すると親から「まだ結婚しないのか」とうるさくせっつかれる。そこで登場した新ビジネスがレンタル・ボーイフレンドやレンタル・ガールフレンド。一緒に帰省して、恋人のふりをしてくれるサービスです。そこまでないといけないとは、なんとも息苦しい社会です。

富裕層は子供が2～3人

子供を作らない家庭がある一方で、たくさん産む家庭もあります。日本人がもっている「中国人はみんな一人っ子」というイメージも虚像なのです。特に富裕層やプチ富裕層は2人は子供がいます。

中国で「一人っ子政策」が完全に廃止されたのは2016年。いまではどの夫婦も2人の子供をもつことができます。しかし、「一人っ子政策」が健在だった時代でも、富裕層の子供は一人っ子ではなかったのです。

私の子供はいま日本の学校に通っていますが、長男を上海の私立小学校に通わせていた時代があります。孫文の奥さんである宋慶齢が設立した、いわゆる名門私立です。このときの同級生を見渡すと、半分ぐらいは兄弟がいました。

もちろん共産党幹部や国有企業につとめている人は、2人目が産まれると出世に影響します。でも、民間企業には関係ありません。「あ、罰金ですか？　はいはい。いくらでも払いますよ」といえる人には、一人っ子政策など関係なかったのです。この事実は、ほとんど海外に知られていないと思います。

実際、上海の高級住宅地のある古北エリアを歩くと、子供を3人連れている人も珍しくありません。だいたいはアメリカやオーストラリア、韓国や台湾から帰ってきた中国人です。外国で出産した場合は「一人っ子政策」が適用されません。

そして、そうしたお母さんの多くが専業主婦になります。私の大学時代の同級生を見回しても、同じクラスにいた女性の半分は専業主婦になっています。

毛沢東が「女性は天の半分をささえる」といったように、共産中国では女性も大切な労働力でした。子供が産まれても共働きが常識だったのです。しかし、この10年で専業主婦がすごく増えました。かつての貧しい中国では、全員が働かないと生きていけなかった。しかし、経済発展で豊かになった人の一部には、働かなくてもいい人が出てきたわけです。

家政婦は2人いる

日本で専業主婦というと、料理に洗濯、掃除に買い物、親の介護に子供の世話……。仕事がたくさんあって、意外に気を抜けないイメージだと思います。

でも、中国の専業主婦は違います。大都市の場合、最底辺の家庭でもないかぎり、家政婦を雇うのが普通だからです。日本を個人旅行している中国人の全員が、家政婦を雇っていると考えてもらって間違いではありません。

大金持ちでなくても家政婦を雇えるのは、非常に安いからです。第1章で見た「安い賃金で働く人々」の存在が、やはりこのサービスをささえています。

上海でいえば、1時間20～30元（約340～510円）が相場。これが基本ラインなので、毎日2～3時間来てもらうとなれば、もっと安くなる。上海や北京は高いほうで、地方の大都市になると、さらに安い値段で雇えます。

こうした家政婦は「阿姨（アーイー）」と呼ばれます。「おばさん」という意味で、古典的なお手伝いさんのイメージです。阿姨に週2～3回来てもらい、掃除や料理を頼むのが一般的な上海の中流家庭です。

一方、新型の家政婦も登場してきました。「月嫂（ユエサオ）」と呼ばれる人たちで、子育ての専門トレーニングを受けています。月嫂とは「1カ月のお姉さん」という意味です。

中国では「月子(ユエズ)」といって、子供を産んだあと1カ月間は、家事はおろか立ってもいけないとされます。体を養生させるため、外出すらしないのです。この1カ月のあいだだけ助けにきてくれるのが月嫂です。

月嫂はプロフェッショナルであるぶん、料金は阿姨よりかなり高い。1カ月7000～1万元（約11万9000～17万円）もします。とはいえ、1カ月間のことなので、プチ富裕層なら、だいたい頼みます。

月嫂が来なくなったあとも、子供が3歳ぐらいになるまでは、住みこみの家政婦がいるのが普通です。相場はだいたい1カ月5000～8000元（約8万5000～13万6000円）ぐらい。住みこみの家政婦が赤ちゃんの面倒を見て、通いの家政婦が家事をやってくれる。富裕層でなくたって、家政婦は2人いるのが珍しくないのです。

かつての中国では、子供が産まれると、おじいちゃんとおばあちゃんが面倒を見にきて、月子を終えた母親はすぐに職場へ戻る。このパターンが普通でした。私の場合も、日本まで親が面倒を見にきてくれました。義理の両親と合わせて4人が交代で日本に来て、赤ちゃんの世話をするわけです。

これは私に限った話でなく、アメリカであれオーストラリアであれ、海外で子供が産まれたら、おじいちゃんおばあちゃんが中国から世話をしにいきます。こういう形が普通だったのです。

でも、いまの若い世代は親離れが加速しています。たとえば小さいうちから本格的な英語の発音を身につけさせようと思ったら、年老いた両親にはできません。幼児教育専門の家政婦を雇うしかない。特に専業主婦になる人ほど、こういう傾向が強いと思います。ここでも核家族化が進んでいるわけです。

ママでなければ専業主婦じゃない

専業主婦は中国語で「全職媽媽（チュアンチーマーマ）」。媽媽はママという意味ですから、「お母さん業に専念している人」ということになります。

日本と違い、お母さんであることが、専業主婦の前提条件だということです。日本のように、子供のいない奥さんが家事に専念するパターンは見かけません。子供のいない奥さんは働くのが普通です。

さきほど説明したように、家政婦さんがいますから、家事といってもそんなに大変ではありません。主婦というより有閑マダムみたいなものですよね。では、どうしてお母さん業に専念する必要があるのでしょうか？

これには中国社会ならではの理由があります。親の手伝いが不可欠なほど、子供の勉強が大変なのです。普段の勉強もそうですし、受験勉強もそうです。

日本の方に「中国では何歳ぐらいから受験を意識し始めるんですか？」と聞かれることがあります。なかなか答えにくい質問です。というのは、中国の学校は普段からテストの連続だからです。私は子供を日本の学校に通わせるようになって、「えっ！　日本には中間テストと期末テストしかないの？」とビックリしました。

日本人のように高3で部活をスパッと辞めて、そこから受験勉強に専念するという風になっていないわけです。中国では普段からテストの連続だし、宿題の量もすごい。私立の小学校だと、小学4年生が毎日11時まで宿題をやっているのも普通です。だいたい小学4～5年生から、親が手伝ってやらないとこなせない感じになります。

だから、専業主婦という新しい階層は、30～40代に集中しているのです。みんな子供が小学校の高学年になったあたりで仕事を辞めている。七〇後、八〇後と呼ばれる、1970年代~80年代生まれの人たちなのです。

その上の世代はどうか？　1960年代生まれの人の子供が小学4~5年生のときは、ここまで受験戦争は激しくなかったので、専業主婦になる必要もありませんでした。日本のような学習塾ができたのも、この10年ほどです。

七〇後八〇後は、不動産バブルの恩恵を受けています。10年前に無理して家を買っておけば、それがいまは何倍の値段になっている。経済的に余裕があるから、専業主婦になっても問題がないという事情もあります（だから30~40代はプチ富裕層の中核であり、日本を個人旅行する層でもあるのです）。

一方、九〇後（1990年代生まれ）は、子供がまだ小さいので、まだ専業主婦になる必要がありません。ただ、彼らが今後、七〇後八〇後と同じように専業主婦になれるかどうかは、誰にもわからない。バブルが続くかどうか次第だからです。

もちろん上海や北京の出身者であれば、自分の親世代がバブルに乗っているわけで、その経済的援助が受けられます。しかし、地方から上海に働きに出てきて、自分の力で上海に家を買うとなると大変です。上海の都心で2LDKのマンションを買おうと思うと、1億円以下では買えない。月収10万円台なのに、親から資金援助を受けて家を買う人がいますが、本当にそれが2億円3億円になっていくのか？

ひょっとしたら、九〇後の子供が小学4～5年生になったころには、専業主婦率が劇的に下がっている可能性もあります。

いずれにせよ、専業主婦が増えている背景には、どんどんエスカレートする受験戦争があるわけです。

大学入試の直前は親も1カ月会社を休む

中国の大学生のあいだで頻繁に飛び交うキーワードが「五百強」。世界の企業ランキング500に入っている会社のことを指します。そんな世界的大企業に就職することが、いまの大学生の憧れなのです。

国有企業の人気が復活していると書きました。合併をくり返して世界的規模になった会社は、当然、五百強に選ばれています。国がバックについて安定しているのに、給料が高い。

福利厚生もいい。五百強なら面子も満たされる。親だって胸をはれる。だから、国有企業に入りたいのです。

とはいえ、やはり就職試験では、有名大学の卒業生が優遇されます。さらにいえば、海外留学生のほうが優遇される（この問題については、あとでふれます）。だから、親としては、なんとしても有名大学に進ませたい。

中国の大学入試は「高考（ガオカオ）」と呼ばれます。日本のセンター入試のようなものですが、その成績によって希望大学に進めるかどうかが決まります。2次試験はありません。大学ごとに試験問題が違う日本の感覚では乱暴に見えるかもしれませんが、全員が同じ問題なのですから、平等です。

高考のシーズンである6月は、中国社会が入試一色に染まります。高考の1カ月前から親が会社を休んでサポートする、なんてことも珍しくありません。

同じ試験問題なら、微妙な実力差も見える。高考で高得点をとるのは、やっぱりいい高校の生徒なのです。となると、親としては、いい高校に行かせたい。いい高校に行かせるためには、いい中学校に通わせる必要がある。いい中学校に通わせるには、いい小学校に入れないといけない……。どんどんエスカレートしていきます。

カナダ移民は子供のため

いい小学校に入れるための競争は、幼稚園のときには始まります。

友人の子供はまだ幼稚園児なのですが、いろんな習い事をさせられています。金曜日がいちばん忙しい日で、体操のレッスンに行き、演劇のレッスンに行く。体を動かして、脳を刺激するわけですね。それから算数や国語の勉強をやる。幼稚園児がです。どうしても有名な小学校に入れたいそうです。

２０００年代に入って私立の学校が誕生してから、受験戦争が熾烈になった印象があります。学習塾があらわれたのもそのころです。

なかには幼稚園の入園テストで親にも試験問題を出したり、小学校の入学テストで祖父や祖母のかつての勤務先を書かせたりする学校まであって、さすがにこのときはネットで炎上しました。

中国でも日本のアニメは大人気ですが、学園もののアニメを見て彼らが驚くのは、「どうして日本の高校生はアルバイトする余裕があるの？」「どうして日本の中学生は恋愛していいの？」ということです。どちらがいいかはさておき、中国の中高生はとにかく勉強一色の毎日だということです。

エスカレートする一方の受験戦争に、顔をしかめている親もいます。本当にこんな競争が子供のためになるのかと。

私の世代はカナダやオーストラリアへ移住した人が多いのですが、理由を聞くと、だいたい「子供のため」と答えます。向こうの教育には、もっとゆとりがありますから、中国ほど子供にストレスをあたえない。

もちろん、親のほうの事情もあるでしょう。親自身も中国での熾烈な競争に疲れてしまった、という人が多い。

あとは、学費の問題。中国でエリート教育を受けさせようと思うと、ものすごく高い。同じ英語圏の大学に進ませるなら、カナダやオーストラリアの中学高校で学ばせるほうが安上がりなのですね。

大金持ちの海外移住にはまた別な理由もあるのでしょうが、ことプチ富裕層の海外移住に限っていえば、その最大の理由は子供の教育なのだと思います。

宿題を手伝わないほうが恥ずかしい

さて、どうして仕事を辞めざるをえないほど子供に手がかかるのか、もう少しくわしく見ておきましょう。

日本人はこう考えると思います。子供の宿題を手伝うなんて、とんでもない。宿題をやらずに学校へ行けば恥をかくし、そのほうが本人のためになる――。

しかし、中国人はこう考えます。子供が宿題をやっていかないと、「親の顔が見たい」と笑われる。そんな恥ずかしいことはない。面子が立たない。だから、親は子供の横にいて、つきっきりで宿題をやります。

しかも、その量が半端じゃありません。中学生なら、少なくとも国語、算数、英語の３教科に関しては、毎日宿題が出ます。それぞれ１時間はかかる分量です。それに加えて、今日の復習と明日の予習もやる必要がある。

社会のスマホ化が進んだせいで、先生と親とのやり取りも、いまやウィーチャットです。

親と先生だけのウィーチャットグループを作るわけですが、そこで宿題の進み具合を、親が報告しなければなりません。

そういう場ができると、また競争が起きます。「国語の宿題、いま終わりました」という書きこみが時々刻々とあるから、親も気が気じゃなくなる。「同級生の劉君も李君ももう終わってる。なんでうちの子だけ？」と焦るわけです。親が恥をかかされている気分になって、子供を急かします。

英語のリスニングやリーディングなどの宿題は、親がスマホで音声を録音して、ウィーチャットで先生に送ります。親を通して提出する仕組みになっているので、負担がどんどん増えていく。

親が先生に呼び出されることも頻繁です。平気で「ちょっと来てもらえますか」と電話がかかってくる。上海は広い街なので、仕事をもつ親だと、学校に顔を出すだけで大変です。「電話ですまないことですか？」と聞いても、「いえ直接、お話ししたい」。先生は親と交流したいわけです。

知人も夜8時ごろ、先生からウィーチャットで連絡が入ったそうです。「いま音声で話せませんか？」と。こんな時間に何事だと思いながら電話すると、「お子さんの字が太いので、プリントに書きこんだとき汚く見えるんです。気をつけてください」。「はあ、すいません」と答えるしかありませんよね。

もう宿題をやったとか、やってないとかのレベルではないのです。こんなことに追い回される。会社を辞めないと対応できません。

誰もがPTA役員になりたい

仕事を辞めてしまうと、世界が子供一色に染まる親も出てきます。

日本ではSNSでペット自慢をやる人が多いですが、中国ではほとんど見かけません。あえていうなら、高級美容院に連れていったときとか、ペット病院でものすごく治療費がかかったときぐらいでしょうか。

中国人のSNSで非常に多いのは、子供の自慢です。

「うちの子が運動会で国旗をかかげる役に選ばれました」

「うちの子は冬休みに日本でスキーのライセンスを取得しました」

日本の学級委員や班長に相当するものが、中国の学校にもあります。小隊長は10人ぐらいを統率する班長みたいなもの。中隊長は1クラスを統率する学級委員みたいなもの。大隊長は1学年を統率する生徒会長みたいなもの。軍隊の徽章（きしょう）に似たワッペンがあって、小隊長は1本線、中隊長は2本線、大隊長は3本線。もちろん、3本線をつけるのが、みんなの憧れです。

大隊長になった子供の親は、ウィーチャットにさりげなく写真をのせたりするようです。3本線にはふれずに、「今日は子供のナントカ会でした」みたいに書くと、誰かが必ず反応してくれる。

「あれ？　3本線？　大隊長じゃないですか。お子さん、すごいんですねえ！」

こういう反応が親にとっては嬉しいわけです。

日本ではPTA活動やクラス行事に熱心な親はあまりいませんが、向こうでは全身全霊を傾けて協力します。子供が学校でいいあつかいを受けるためです。

学芸会なら主役をやらせたいし、発表会なら司会をやらせたい。有名私立だとメディアの取材もたくさん来るので、学校代表としてしゃべらせたい。学校推薦を受けて、英語スピーチコンテストや演劇大会に出させたい……。

子供に目立つ係をやらせることが、親の面子でもあるのです。だから日ごろから学校行事に協力して、先生の覚えをめでたくしておく。

ウィーチャットで先生が「再来週の日曜、ボランティアで福祉施設を訪問したいのですが」と書きこむと、一瞬で親から返事が殺到します。「大賛成です。やらせていただきます」「パチパチパチパチ〜（拍手）」「さすが先生、志が高い！」……。続々と書きこまれる。

働く親は即レスできませんが、それでも毎回無視してると問題になります。時間の許すかぎりつき合うしかありません。でないと、子供の居場所がなくなってしまう。この点でも、ものすごくストレスのかかる社会なのです。

いま私も日本の学校で保護者のLINEグループに入っています。日本人は見事なほど発言しませんよね。それに対して中国人の親は、誰もがPTA役員になりたいのです。いかにして先生に取り入ろうか、必死に動きます。先生にプレゼントを渡すことも普通にあります。嫌気がさしてカナダへ移住していく人の気持ちが少しは理解できるのではないでしょうか。

家を40軒もっている私に清き1票を

2017年の秋、上海外国語大学附属浦東外国語小学校のウィーチャットのやり取りがネットに流出して、大きな話題になりました。

トップの名門私立にはおよばないものの、学力では超一流の名門公立小学校。1800人の幼稚園児が入試を受けて、合格者200人という狭き門です。名門でありながら、1年間の学費は1万6000~2万4000元（約27万2000~約40万8000円）と、プチ富裕層なら問題なく負担できる金額です。

流出したのは、小学1年生のあるクラスの保護者グループチャット。1クラス40人程度だと思いますが、合計78人の親が登録しています。PTA役員選挙に立候補する親たちの自己推薦コメントが、ネットを騒がせました。

「○○番のママです。中部ミシガン大学を卒業して、ファンド会社につとめています。夫は博士号を取得後、中国人民銀行の外貨管理局で働いています。いままで3年間、幼稚園のPTAをやった経験があるので、力になれると思います」

「○○番のパパです。私は上海師範大学では生徒会主席をつとめました。○○番のママとは夫婦ですが、二人とも博士号をもっており、上海立信会計金融学院で教師をしています。みなさんと交流を深めてクラスに貢献したいと思います」

「○○番のママです。有名な外資系企業で人事部長をしています。夫とは復旦大学附属高校の同級生で、当時、私は生徒会の学習部長、夫はスポーツ部長でした。だからこのクラスの力になれると信じています」

「○○番のパパです。私はみなさんのように立派な学歴がありません。小学校卒です。でも、田舎の土地が開発区に指定されたので、お金はあります。浦東に家を25軒、宝山に家を15軒もっています。いまは淘宝網（タオパオ）にお店を出しているだけなので、時間はたっぷりあります。必ずみなさんの力になれると思います」

この学校のPTA役員の定員はわかりませんが、一般的に公立小学校では2～3人です（私立では7～10人）。役員になれば、校長と話す機会が増えます。優秀な生徒を学校から推薦する場合も、クラス全体に告知が行く前に、このなかで割り振られてしまう。だから、こうして必死に役員になろうとするわけです。

北京じゃ、こんな自慢はできない

ＰＴＡ選挙の話を続けます。こうした自己推薦が延々と続いたあと、最後にキレ気味の親が登場しました。

「〇〇番のママです。みなさんにはあきれました。こんなくだらないやり取りにつき合っていられません。私は参加しません。ちなみに、自己紹介させていただきますと、私はハーバード大学を卒業して、モルガンスタンレーにつとめています。夫は有名なファンドマネージャーで、管理している資産は35億元（約６１２億円）……」

みんなにダメ出しをした人間が、自分の経歴を自慢しているという。ネタではなくて、本当にあったやり取りです。

出身大学や勤務先、あるいは資産の大きさを臆面もなく自慢するのは、日本人には信じられない感覚でしょう。いまの中国社会のうかれた空気が、少しは伝わるのではないでしょうか。日本のバブル時代に近いような感じです。

でも、ネットでこれが話題になったのは、「あけすけな自慢をするなあ」という批判的な文脈ではありません。「さすが名門小学校は、親の経歴もすごいなあ」という素直な感心でした。やり取りにいやらしさを感じたわけではなく、経歴の中身が話題になった。自慢する側も、自慢される側も、こういう自己顕示に違和感をおぼえない。このへんの感覚は、日本人と大きく違うところだと思います。

ちなみに、ネットで非常に面白い指摘を見つけました。

「さすがは上海、透明な社会だ。実力主義の街だから、経歴も勤務先もオープンに語れる。北京じゃ、こんなこと不可能だよ」

北京は政治の街なので、オープンに語れないことも多いのです。特に反腐敗キャンペーンが始まってからは、うかつに自慢もできなくなった。このコメントも、いまの中国社会の一面を象徴しています。

英語なんか話せて当然

訪日中国人の感想は絶賛ばかりで、不満の声はほとんど聞こえてこないと、何度も書いてきました。二言目には「さすが日本だ」と口にするので、日本に暮らす私としては「ちょっと神格化しすぎじゃないの？」と思うほどです。

たとえば、電車で座席が空いていていても座らない中学生がいますね。それを見た中国人観光客は、こう称賛します。

「さすが日本人は民度が高い。この中学生たちのモラルを見よ。部活で疲れているはずなのに、年上の人間のために席を空けている。中国の『小皇帝』たちとは大違いだ」

どこまで曲解するんだという感じですが、私が「いやいや、学校のルールで強制されてるんですよ」と説明しても、なかなか納得してくれません。

しかし、そんな訪日中国人がそろって不満の声を上げることが、ひとつだけあります。日本では英語が通じなさすぎる、ということです。

私が日本旅行をすすめても、「英語の通じない国に子供連れでいくのは、やっぱり不安だわ。そんなのありえない！」と断られたことが何度もあります。

たしかに英語力で比べたとき、中国人、特にプチ富裕層以上のエリート層と、日本人では、圧倒的な差があると思います。向こうでは小学1年生から英語を習いますから。

私の時代ですら、小学5年生のときには英語の授業がありました。もちろん、普通の公立

幼児の通う英会話教室がブームに。もちろん講師は外国人がつとめる

小学校です。私が大学で日本語を専攻したのも、こう考えたからです。

「英語は誰でも話せるから価値がない。これから学ぶとして、就職に有利なのは日本語かドイツ語しかない」

英語は話せて当たり前という感覚なのです。日本には会社員になったあと英会話学校に通って、会社のなかでステップアップを目指す人がいます。日本人全体の英語水準が低いから、「駅前留学」で一発逆転も可能なのだと思います。

中国の会社員で英会話教室に通う人はほとんどいません。大人になってからでは挽回できないほどの英語力の差が、エリート層とのあいだに生まれているからです。なにしろ中学受験のときですら、私立は英語の口頭試験があるのです。大人になってから勉強しても逆転の目はありません。

でも、英会話教室自体は爆発的に増えていてます。誰が通うかというと、幼児です。誰もが英語を小学1年生から習うので、フライングさせたい親が多いわけですね。

中国で大人が外国語教室に通うとしたら、たとえば「日本のアニメが大好きだから、日本語で理解したい」と日本語教室に通うとか、趣味のレベルだけなのです。

清華大学はアメリカ留学の予備門

中国でトップの大学は、北京の清華大学です。ところが、いまやその精華大学が、「アメリカへ留学するための予備門」と呼ばれています。なにしろ1クラス42人のうち40人が留学する世界ですから。

すさまじい受験戦争も、べつに中国最高の大学に入るためではないのです。アメリカの大学に入るところに最終関門がある。

いまの中国人は、グローバルに認められている学校や企業に入ることが成功だと信じています。世界のトップ50に入っている大学はわかりやすいステータスです。誰でも知ってるぶん、本人も親も面子が立つし、就職でも圧倒的に有利になります。

世界の大学ランキングを見ると、大半はアメリカとイギリスの大学で占められています。イギリスの大学評価機関クアクアレリ・シモンズが２０１７年に発表したランキングを見ると、トップ50に入っている中国の大学は清華大学、北京大学、復旦大学だけ。日本の大学では東京大学と京都大学だけです。

ランキングの大半を占めるアメリカとイギリスはすごい。中国人はそう考えます。では、アメリカとイギリスのどちらがすごいか。中国には最大最強のものを尊ぶ文化があるので、やっぱりアメリカです。だから、誰もがアメリカ留学に憧れる。

残念ながら東京大学は世界的競争力という点で、人気がありません。上海のエリート高校で「東大には推薦の枠があるんだけど、希望する人が少ないから入りやすい」という声を聞いたことがあります。まあ、清華大学ですら予備門あつかいなわけで、わざわざ留学するならアメリカしかないのです。

中国の高校生や親の会話では、アメリカの大学ランキングが普通に出てきます。日本人でそんなことを知ってる人はほとんどいませんよね。さらに中学生には、アメリカの高校のランキング情報まで飛び交っています。アメリカのいい大学に行かせるため、アメリカのいい高校へ留学させようというわけです。

私の時代、留学といえば大学生がやるものでしたが、いまや高校生でアメリカ留学する子は普通にいます。中学生だっています。低年齢化が進んでいる。

毎年夏になると、ケンブリッジやオックスフォードは中国人の子供だらけになります。海外サマーキャンプが富裕層のあいだでブームなのです。

中高生が2週間ほどケンブリッジですごしたからといって、意味があるとは思えません。大学で学問をやるわけではないのですから。でも、親バカたちは100万円ものお金を投じて、子供にケンブリッジ体験をさせるのです。いまの中国の教育熱が伝わってくるエピソードだと思います。

インターナショナルスクールの登場

最終関門がアメリカ留学だとしたら、ポイントは英語力になります。でも、公立学校の英語教育はもの足りないと中国人は感じています。小さいころから本格的に英語を学ばせたいというニーズは、ものすごく大きい。

そこで、二つのサービスが生まれてきました。一つは、さきほど紹介した幼児のための英会話教室。もう一つは、英語で授業をおこなうインターナショナルスクール（中国語では「国際学校」）です。高校からアメリカ留学させるなら、小学校や中学校の時点で国際学校に入れて、英語に慣れさせておきたい。そう考えるわけです。

そして、どちらの分野でも、台湾資本が幅をきかせています。中国人のニーズを読んでスキマをつく能力。さすがです。

厳密にいうと、中国人の通える国際学校は、中国に存在しません。日本人の通う日本語の国際学校や、アメリカ人の通う英語の国際学校、フランス人の通うフランス語の国際学校はありますが、中国人は通えない。中国籍をもつ人は、中国人の作った学校（公立・私立を問わず）に通うよう義務づけられているのです。日本人のように、日本に住んでいながらインターナショナルスクールに通うという選択肢はありません。

そこで台湾資本が動いて、英語で教育をおこなう私立の学校を作ったわけです。中国籍がなければ中国に学校は作れませんが、そこは抜け道をさがすのが上手な台湾人。中国にいる親戚の名義を借りるなど、「上に政策あれば、下に対策あり」したわけです。この10年ぐらいの動きでしょうか。

うちはインターナショナルスクールじゃなく普通の私立学校なんですが、たまたま英語教育を重視していますーー。そういう建前なのです。当初は平気で「国際学校」を名乗っていましたが、当局の目もうるさいので、最近は「バイリンガル学校」と名乗るところが多い。まあ、通わせる側は気にせず「国際学校」と呼んでいますが。

学費は日本より高い

国際学校がやっているのは、いわゆる「国際バカロレア」という教育プログラムで、小学生から英語だけで授業をおこないます。台湾系の国際学校に小中一貫校が多いのは、高校からのアメリカ留学をイメージしているのだと思います。

ここ3～4年は大陸系の国際学校も増えてきました。新たに私立を立ち上げたケースもあれば、名門公立高校が「国際部」を増設したケースもあります。有名どころでは、上海交通大学附属中学や北京大学附属中学といった超名門に、国際部が生まれました。大陸系の国際学校は中高一貫校が一般的です。こちらは大学からのアメリカ留学をイメージしているのでしょうね。

こうした「実質的なインターナショナルスクール」が、いまや上海と北京にそれぞれ40校ぐらいあります。富裕層の子供は私立の小中一貫校に通って、高校からアメリカ留学するか、もしくは名門公立高校の国際部に通って、大学からアメリカに留学する。これがポピュラーになりつつあります。

国際高校の学費は年間250万～300万円ぐらいが相場。日本のインターナショナルスクールは高くて200万円ぐらいだし、安いと100万円ちょっとで通えるところもあります。それに比べると非常に割高です。

ちなみに、上海の普通の公立高校は、学費が年間3万～8万円と、国際学校の数十分の1です。それでも彼らは、子供のために投資を惜しみません。

人気の秘密は、世界一といっていい学力の高さです。アメリカの国際バカロレア学校よりも点数がいい。国際バカロレアは45点が満点ですが、上海には平均点が41～42点という高校までありますｰ。38点ぐらいあればオックスフォードやケンブリッジに留学できるので、余裕ですよね。

日本人は英語教育に無関心すぎる

国際バカロレアのコースでは、数学も理科も社会も美術も、すべて英語で授業がなされます。一度そちらに進んだら、二度と母国語の教育へは戻れません。すべての用語を母国語に翻訳し直す手間が必要ですからね。

それでも中国人エリートの親たちは、子供にそっちに進んでほしいと願っている。このへんの感覚は、日本人には理解しづらいかもしれません。

私もすべての人間が小学校から英語で教育を受けるべきだとは考えていません。でも、社会のごく一部のエリートだけでもそういう教育を受けておかないと、これからのグローバル競争の時代に大変な思いをするはずです。

そういう意味で、日本人の英語教育への無関心ぶりには危惧をおぼえます。国際バカロレアという言葉すら、ほとんど知られていない。エリート教育を敵視することがあってはいけません。

私は長男だけには英語教育を受けさせたいと考えているので、国際バカロレアコースのある日本の高校を調べたことがあります。でも、日本全体で20校しかありませんでした。上海という1都市にある国際学校より数が少なかったのです。しかも平均点は35〜36点とかなり低い。

海外留学する日本人が減っていることも心配です。友人から最近、面白い話を聞きました。中国出身で、日本に帰化した女性です。彼女の息子がアメリカのトップ50の高校に合格したとよろこんでいます。

この息子さんが中国で中学校に通っていた時代、同級生にものすごい秀才がいたそうなのです。上海の名門中学で学年3位に入るような生徒ですから、中国全体で見てもトップレベルでしょう。2人ともアメリカの高校に留学したくて、10校ぐらい申請したそうです。ところが、2人ともすべて不合格。

ガッカリしていたら、彼女の息子さんにだけ、ある高校から電話がかかってきます。

「この数年、中国人の生徒ばかりで、日本人の生徒が来てないんですよ。あなたは日本人だから、特別に補欠合格とします」

アメリカの高校を目指す日本人がいないことも衝撃です。合格枠を中国人同士で争って、結局、日本国籍をもっている中国人が勝ったということも衝撃です。このままでいいのでしょうか？　この意識の差が、10年後20年後には大きな差となってあらわれてくるような気もするのですが。

海帯族はなぜ生まれたのか

日本でもだいぶ報道されたので、「蟻族（イーズー）」という言葉をお聞きになった方も多いと思います。大学を卒業したのに就職できない若者たちのことです。自分一人で部屋を借りることができないため、フリーター数人で部屋を借りて、蟻のように生活している。そんなところから命名されました。

これは中国の景気がどうこうではなく、大学生の数が増えすぎたことが原因です。この15年間で大学の数は倍になり、毎年７００万人もの大卒生を生み出しています。彼ら全員に希望の職をあたえることなど、そもそも不可能なのだと思います。大学生が増えすぎて、価値が下がっているわけです。

ＥＣビジネスの急成長によって、配送の仕事とか、新しい仕事はどんどん増えてはいるのです。ただ、大学を出た人たちは、そういう仕事をやりたがりません。

じつは、似たようなことが海外留学に関しても起きています。中国は毎年１３０万人もの海外留学生を送り出します。もちろん世界最大で、すでに世界中の海外留学生の４分の１を占めるそうです。しかも、勢いが落ちる感じがない。だから、留学生の価値がどんどん下がり出しているのです。

当然のことながら、留学から帰っても就職できない人がいます。そういう若者たちは「海待族（ハイダイズー）」と呼ばれます。昆布を意味する中国語「海帯（ハイダイ）」と発音が同じなので、「海帯族」と呼ばれることもあります。

10年前の留学組は、国内の大学を卒業した人と比べて1・5倍ぐらいの初任給をもらっていた印象があります。まだ留学生が多くなかったからです。しかし、いまや1・1倍とか、ほとんど変わりません。特別あつかいされなくなっている。

そうなると、単に留学すればいいという話ではなくなってきます。留学する意味のある大学を選ばなければいけない。というわけで、アメリカのトップ50大学への傾斜がさらに激しくなっていきます。競争はますます激化するわけです。

海亀族は自然とグループに

1970年代から1980年代にかけて海外留学できる人は、本当にエリート中のエリートでした。どんなに勉強ができても、普通の人間には不可能だった。

1990年代に入ると、少しはポピュラーになるのですが、中国社会がいまほど豊かでなかった時代です。奨学金をもらわないと、普通の家庭には難しかった。当然、奨学金の審査にパスするような、北京大学や清華大学のエリートたちがアメリカや日本に渡りました。もちろん、帰国後は引く手あまたです（私が留学したのもこのころですが、就職してお金を稼いでから留学したわけで、いわゆるエリートとは違います）。

私の時代には、留学組が就職できないなんて、まず考えられないことでした。みんなそれなりの会社に就職して、それなりの社会的地位を築いています。こういう人たちは「海帰(ハイグイ)族(ズー)」と呼ばれます。「海亀(ハイグイ)」と発音が同じなので、「海亀族」ともいいます。

海帯族が海底に縛りつけられてゆらゆら漂っているイメージなら、海亀族は大海原をスイスイ泳いでいるイメージ。なかなか上手なネーミングだと思います。

長男を上海の私立に通わせていたとき仲よくなった保護者たちも、海亀族の人たちでした。アメリカ帰りの人も、ヨーロッパ帰りの人も、日本帰りの人もいました。海外を経験しているので、価値観やセンスが合います。私たちよりお金をもっている親は山のようにいましたが、自然と価値観でグループに分かれてしまいます。

私立や国際学校には、どこにもこうした海亀族のパパ・ママがいるので、自然とグループになっているようです。

2018年初頭、長野県のスキー場に、上海と北京の国際学校の子供を連れてくる企画をやりました。中国では旧正月を祝うのが基本で、公立の学校で正月休みといえば春節を指します。一方、国際学校では、日本やアメリカのように新正月が休みになるのです。そこでお正月には国際学校の子供たちだけ来てもらおうと。

富裕層の子供には、ヨーロッパでスキーを経験している子もいます。上海人の大半はスキーをしたことがありませんから、公立の子とは技能レベルが違うわけです。上海というくりで国際学校の子と公立の子を一緒に連れてきても、楽しめない。ならば、むしろ国際学校というくくりで、上海の子と北京の子を結びつけようという発想です。

いまはＳＮＳが発達していますから、これらの子供たちは帰国後も交流を続けるでしょう。ＳＮＳの登場以降、新しい人のつながり方が生まれている実感があります。地域を飛び越えて、同じ階層同士で結びつくようなイメージです。

ちなみに、北京の冬といえばＰＭ２・５を連想する方も多いと思いますが、北京の国際学校にはドイツ製やアメリカ製の空気清浄機を完備しているところが珍しくありません。教室の空気は日本の学校よりきれいなぐらいです。公立に通う生徒たちとは、文字通り別世界に生きているわけです。

第　5　章

上海人には餃子を出すな

言葉は通じないのが当たり前

ここまで読んでくださった方は、ひとくちに「中国人」といっても、実にさまざまな人がいることをご理解いただけたと思います。

私の実感でいえば、「日本人」という言葉でイメージされるものと比べ、その何十倍も多様性がある気がします。もともと民族も言語も多様だというのに、最近の社会構造の激変で新階層が生まれ、さらに分断化が起こっている。

住む場所も違えば、食事をする場所も、買い物をする場所も違う。学校も違えば、服装や遊び方も違う。価値観も行動パターンもまったく違う。「常識」を共有できない。一生のうち一度も交わることのない集団が無数にあるような感じです。「中国人」なんて枠組みは通用しないのでは、と思うときすらあります。

中国のテレビで見たのですが、貴州省の山の中には、山道を片道2時間（往復で4時間です！）かけて、歩いて学校に通う小学生がいます。道のない場所では、谷沿いに張ったロープを伝わって向こう側に渡る。いまだにそんな国民がいるというのは、上海人の感覚では信

ショッピングモールの駐車場はランボルギーニ、ベンツ、マセラティなど高級車だらけ

じられません。

上海のなかでも、すさまじい格差があります。大八車（排子車（パイズチャー））の横をフェラーリが走り抜けていく。それが現在の上海なのです。極貧の人は日本よりいっぱいいますが、大富豪も日本よりいっぱいいる。BMWやベンツ、ポルシェといった外車があまりに多いので、上海から戻ると、日本の駐車場を見て「地味だなあ～」と感じてしまいます。

コンビニや飲食店に行けば、言葉の聞き取りにくい店員さんがいます。地方から出てきた人とは、それぐらい言葉が違う。そういう人まで含めての「中国人」なのです。

これは大都市とか農村とかの問題ではなく、中国が大きすぎることの問題です。大都市同士であっても、上海語や広東語で話されたら、北京人は1％も理解できません。「こんにちは」を標準語（北京官話）でいうと「ニーハオ（你好）」ですが、上海語では「ノンホウ（儂好）」です。発音も違えば、漢字も違う。

第1章で、「言葉は通じないけれど、沖縄のほうが三亜より安心だと中国人は感じている」と書きました。言葉が通じないのは、中国国内を旅行しても同じなのです。だまされないぶん、日本のほうが旅行しやすい。だから、日本人が思ってる以上に気軽な気分で日本に来ることができるわけです。

お前も中国人といわれたって……

日本を個人旅行するのは大都会のプチ富裕層ですが、観光バスで団体旅行したりするのは、だいたい地方都市の人です（農村の人は、まだ海外旅行できる経済状況にありません）。

彼らはプチ富裕層と言葉も違えば、服装も、行動も違う。お金のつかい方も、好きな商品も、感動するポイントも違う。

彼らの一部がマナーをわきまえない行動に出るのを見て、「同じ中国人と思えない」と感じているプチ富裕層は少なくありません。だから、「中国人のいない場所に行きたい」という発言が出てくるわけですね。

そんな思いがあるため、日本でレストランに予約の電話を入れて、中国名を名乗ったとたんに断られたり、温泉に中国語でのみ「マナーを守りましょう」という注意書きがあるのを見たりすると、プチ富裕層は深く傷つきます。

『行楽』読者はそれでも日本を深く愛していますが、富裕層にはプライドの高い人が多く、「もう二度と日本には行かない」という人もいます。日本で不愉快な思いをするぐらいなら、別の国を選ぶのが当然でしょう。

もちろん、過去に中国人に迷惑をかけられた経験があるのでしょうから、お店や宿を一方的に責めるわけにいきません。そもそもはマナーを守らなかったり、予約のドタキャンをした中国人が悪いのです。

ただ、中国人という枠組みがあまりに大きすぎることを思えば、「お前も同じ中国人だろ！」といわれて困惑する人たちがいることも知っておいてほしいと願っています。

ビジネスに反日なんて関係ない

「だけど、中国人だって、こっちが日本人というだけで反日感情を……」と反論する方がおられるかもしれませんが、それは日本メディアの報道に毒されすぎです。地方はともかく、少なくとも中国の大都市で、反日感情を実感することはほとんどないと思います。

日本人駐在員の方と一緒に上海の繁華街を歩いていて、こんな感想を聞いたことがあります。

「さすが、上海はグローバル都市だよなあ。こんなに大声で、しかも日本語でしゃべってるのに、誰一人、振り向いてくれない」

上海に暮らす日本人は、完全に街にとけこんでいます。なにしろ上海には4万人もの日本人がいます。日本人というだけで注目されることはないのです。

2012年9月の反日デモのときもそうでした。雑誌『行楽』の創刊が2013年1月ですから、ちょうど準備期間中でした。タイミングとしては最悪ですよね。

こんな時期だからこそ、ぜひとも日本旅行を応援する雑誌が出したいと考えた私は、上海で反日デモのあった日も、上海の旅行会社を10社ほど集めて勉強会をやっていました。７割の方は予定通り参加してくださった。

しかも、反日デモの話なんて、誰一人しません。「帰りのタクシーは渋滞に巻きこまれそうだな」「○○路は封鎖されてるみたいだから、××路のコースをとったほうが賢いよ」。ごくごく日常的な会話が交わされていたのです。

当時、スポンサーの中国企業の方から、こんな励ましの声をかけていただいたのを、いまでも鮮明に覚えています。

「雑誌のテーマが日本であろうが、アメリカであろうが、そんなことは関係ない。わが社の関心は、あなたの雑誌に広告を出すことで売上がアップするかどうかだ。それがうちの利益につながるのであれば、日本を好意的に紹介する雑誌だって、よろこんでスポンサーにならせてもらう。そこは心配しなくて大丈夫」

反日は政治の話。ビジネスに反日なんか関係ない――。上海という街の空気が感じられるセリフだと思います。

なぜ中国人は国内旅行しなかったのか

話を戻しますが、中国国内にものすごく地域差があり、それぞれにまったく違う「中国人」なのだと知ることは、インバウンド関係者の参考になると思います。この章では、そうしたテーマをあつかいましょう。

まずは全体像を知っていただくために、中国にはどんな都市があるのか、説明しておきます。

中国には人口1000万人を超える都市が、なんと150近くあります。1000万人を超える巨大都市だって14ある。人口が多い順に見ると、重慶、上海、北京、成都、天津、広州、深圳、石家荘、武漢、ハルピン、蘇州、臨沂（りんぎ）、保定、南陽。

中国ではよく「1級都市」「2級都市」といった言葉が使われるのですが、じつは国の定義はなく、雑誌『第一財経週刊』の定義によるものです。

1級都市は四つ。北京、上海、広州、深圳。世界で誰一人、知らぬ人のいないメガシティですね。

ここに2017年、新1級都市が15個、追加されました。成都、杭州、武漢、天津、南京、重慶、西安、長沙、青島、瀋陽、大連、厦門(アモイ)、蘇州、寧波、無錫。日本人であっても、中国に関心のある人なら、ご存じの名前でしょう。

さらに2級都市が30個あって、福州、合肥、温州、済南、太原など。中国に相当くわしい人でないと知らないかもしれませんね。1000万都市の石家荘、ハルピンはここに分類されています。

3級都市は70個ありますが、ここに並ぶ名前は、日本人はまず知らないと思います。4級都市は90個で、5級都市は129個。4級都市で私が足を踏み入れたことがあるのはひとつだけですし、5級都市になると名前を聞いたこともありません。

1000万都市である臨沂と保定は3級都市に、南陽は4級都市に分類されています。人口は非常に大きいけれど、経済的にはさほど豊かでなく、有名でもない地方都市も存在するということです。

中国人でもよく知らない都市があるのは、理由があります。中国が広すぎることも原因ですが、もっと大きな理由として、国内旅行そのものが、ほんの20年前まで一般的ではなかったからなのです。

上海をはじめ大都市の人は、昔は地方に行きたがりませんでした。衛生環境が悪いし、アクセスも悪かったからです。当時は列車の時代。家族で満員列車に揺られても、楽しい旅になるはずありません。

しかし、2000年代に入ってからの高速道路網の整備には目をみはるものがあります。自家用車をもつ人も増えて、気軽に旅行できるようになりました。チベットや新疆、内モンゴルといった辺境にも、お洒落なホテルが続々とできています。麗江にいたっては、もはや世界レベルの観光地と呼んでいいぐらいです。ようやくいま国内旅行ブームが始まっているわけですね。

海外旅行は、すでに1997年には始まっています。当初は「新馬泰（シンマータイ）」と呼ばれる、シンガポール、マレーシア、タイばかりでしたが（ちなみに、日本への団体旅行が始まったのが2000年、個人旅行は2009年からです）。いずれにせよ、旅行という意味では、海外のほうが国内より先に普及したのかもしれません。

北京人は沖縄で、上海人・広州人は北海道？

海外に出る中国人は、まだ人口の8・7％と書きました。ある程度の所得がなければビザもおりないことを考えると、日本に来ているのは1級都市と新1級都市の人がほとんどだと考えて間違いではないと思います。

そのなかでも、1級都市である上海、北京、広州、深圳の経済力は頭ひとつ抜けています。平均所得もダントツで高い。この本で「プチ富裕層」と呼んでいる人々も、だいたいこの4都市に集中しています。

実際、訪日中国人の半分は上海人、北京人、広州人です（年によって変動はありますが、だいたい半分と考えていいでしょう）。個人旅行者となると、これらの大都市の比率がさらに上がるはずです。

そこで、これら3都市の特徴や、そこに暮らす人の性格や好み、考え方の違いをご紹介したいと思います。

北京みたいに寒い土地の人は、暖かい沖縄に憧れて、上海や広州みたいに暖かい土地の人は、雪の北海道に憧れるのではないか？　日本人はそう考えがちですが、必ずしもそうではありません。

じつは北京の冬は、さほど寒くないのです（もちろん室内の話です）。毎年11月になると集中暖房が供給されるからです。私も冬に北京へ出張に行くと、ホテルで薄着に着替えたうえに、さらに冷房までつけるほどです。そうしないと汗だくになってしまう。北海道や北欧の冬が意外と寒くないのと同じことです。

一方、上海の冬は寒い。長江以南では、国家が暖房を供給する制度がなかったからです。私の子供のころなど、まだ中国は豊かでなかったので、冬になると凍えていました。寒い土地に憧れるなんて、とんでもない話です。

訪日中国人と聞けば春節を連想すると思いますが、じつは訪日者数がいちばん多いのは7～8月の夏休みです。春節の時期の3～4割増の中国人が、真夏に日本をおとずれる。北京は寒いから沖縄へ、という発想にならないわけです。

スキーにしてもそうです。北京には何十カ所もスキー場があるので、北京人にとってスキーは身近な存在です。一方、上海には人工スキー場が1カ所あっただけで、現在はゼロです。

私も日本に来て初めてスキーを体験しました。大半の上海人にとって「え？　リフトって何？」という世界なのです。

なので、北海道のスキー場が中国人を呼ぼうとプロモーションをやる場合、上海や広州ではなく、北京でやることが多い。もちろん南の人には「雪を見たい」という思いが強いし、そういう旅行をする人もいるのですが、ことスキーとなると、北京人しかピンとこないということですね。

なぜ九州に北京人が少ないのか

２０１６年の数字でいうと、日本をおとずれた中国人は６４０万人。そのうち4分の1以上の１６０万人ぐらいが上海人でした。上海市の定住人口は２４１５万人（うち、上海戸籍をもつ人は１４３３万人）ですから、単純計算で、上海人の７％弱が日本をおとずれたことになります。もう驚きのパーセンテージですね。

なぜ訪日中国人で上海人が最大勢力なのかといえば、直行便の多さに尽きます。ダントツで多い。九州までたった1時間半ですから、北京に行くより早いし、安い。日本のほうが北京より身近なのです。

直行便は重要です。特に中国の富裕層は、乗継便を使ってまで日本に来ようと考えません。彼らにとっての日本は、ヨーロッパに行くか、アメリカに行くか、オーストラリアに行くかという選択肢のひとつにすぎないからです。

上海から九州へは、各地の飛行場に直行便が飛んでいます。福岡空港にも佐賀空港にも、鹿児島空港にも熊本空港にも飛んでいる。チャーター便まで合わせたら、週１００本以上はあるはずです。便数が増えれば競争も熾烈になり、チケット代も下がります。ますます人がやってくる。だから九州に上海人が押しかけるのです。

一方、北京から九州へは直行便がありません。大連か青島で乗り継ぐしかない。九州を旅行する北京人が少ないのは、こういう理由があります。

ちなみに東北地方で考えると、上海から直行便が出ているのは仙台空港のみ。週2便です。このほかに中国と東北地方を結んでいる直行便は、天津〜青森が週2便だけ。東北地方になかなか中国人観光客が増えないのは、理由のないことではないのです。

中国の京都人

まずは私の出身地、上海について語りましょう。中国のなかでもっともよく知っている都市です。

私自身、広大な中国のすべてを見たわけではありませんから、この本で使ってきた「中国人は○○だ」という言い方も、中国人全体に当てはまっていない可能性はあります。ただし、訪日中国人の半分は上海・北京・広州という大都市の人間ですし、訪日中国人の4割は上海を中心とする江南地方の人間です。多数派に属する者の意見ということで、そこは大目に見てください。

上海人の特徴といえば、とにかくプライドが高いこと。中国一の大都会だという自負心が強いのです。

井上章一さんの『京都ぎらい』を読んで笑ってしまったのですが、京都人と上海人、驚くほどメンタリティがそっくりです。上海市は群馬県ぐらいの広さがあるので、どこで生まれ育ったかが大きな意味をもつ。上海市民であっても「君は上海人とはいえないよね」と笑われかねない雰囲気があります。

私自身、上海の都心部に生まれ育った人間ではあるのですが、さすがに上海人たちの「選民意識」には引いてしまうときがあります。

この10年ほどで「新上海人」という言葉が出てきました。地方から上海の会社に就職したような人が、自己紹介で使ったりします。自分とは別に「本物の上海人」がいるという遠慮があるのだと思います。

東京には「3代続いて江戸っ子」という言葉がありますが、上海はまだ100年の歴史しかない都市です。19世紀に開港されてから、急激に成長した。横浜みたいなものですね。つまり、自分の親か祖父母の世代は、ほぼ全員が江蘇省や浙江省から出てきている。上海人のすべてが、3代前はよそ者だったわけです。

じつは急発展する前から、上海という町は存在しました。当時、上海と呼ばれていたのは、いまの浦東地区。いまでこそ開発が進んで、最先端スポットになりましたが、ほんの少し前まで漁村にすぎなかった。

こうした人こそ本来の上海人のはずですが、上海人はそういう風に考えません。彼らは原住民か、よく表現して「旧上海人」だ。上海人と呼んでいいのは、開港以降にやってきたわれわれだけだ――。そう考えるのです。

浦東地区は、上海の中心街から黄浦江をはさんだ対岸にあります。「河向こうは、生粋の上海じゃない」と、上海人は主張します。黄浦江のこちら側にも、有名な観光地・豫園など開港以前の痕跡が残っていますが、ギリギリ許せるのはそこまでです。

上海人同士が集まると、上海語で話します。それがステータスになっている。よそ者が理解できないのを見て、優越感にひたる。これが上海人のいちばん嫌がられるところです。『上海ぎらい』という本があってもおかしくない感じですね。

なんでそんな田舎に行くんだ

上海人には、他の都市を見下ろす気分もあります。ドライな都会人であるぶん、日本人のビジネス相手としては本当につき合いやすいと思うのですが、プライドが高い点だけは面倒くさい人たちなのです。

ビジネスで中国人に初めて会ったとき、必ず「どこの出身?」という話になります。私が上海の出身だと答えると、先方は「俺は南京なんだ。上海じゃないんだよねえ」と、肩身の狭そうな感じになったりする。

南京は大都市（新1級都市）ですし、上海より歴史も古い。中国の首都になったこともある。胸をはるほうが自然です。ところが、南京や蘇州、無錫といった先輩たちを委縮させるムードを、上海人はもっているのでしょう。「こいつ、俺のことを田舎者だと思ってるんだろうなあ」と萎縮させてしまう。

見下ろすという意味では、北京に対しても同じです。私は上海出身でありながら、北京の大学に進みました。親と離れたいという動機でしたが、親からは「なんでそんな田舎へ行くんだ！」と泣かれました。上海のほうが偉いと思いこんでいる。

高校の成績がたいして良かったわけでもないのに、大学入試は楽々でした。大学には出身地枠があり〇〇省から何人と決まっていますが、うちの大学に上海から希望を出したのは2人だけだったのです。20年前、せっかく上海に住んでいるのに、わざわざ北京に出ていく高校生なんて、まず存在しなかった。

あとで大学の人に話を聞いたら、「袁さんのレベルの高校から、うちの大学（北京第二外国語大学）へ願書を出してきた人は、もう何年もいない。学校名を見た瞬間に合格を決めた」といっていました。全国的には人気の高い大学で、各省からトップクラスの生徒が集まるのですが、上海人だけはその価値を認めていなかったわけですね。

訪日中国人を歓迎しようと、春節の時期に手作りの餃子を出す旅館があります。宿の方は「中国といったら餃子だ。大よろこびしてくれるだろう」と考えたのでしょう。日本的なおもてなし精神にあふれています。

上海の春節は「アンコ入り団子のスープ」

しかし、餃子は北方の料理であって、中国全土で普通に食べられているものではないのです。上海だと、アンコの入った団子のスープが春節の定番です。面倒くさいのは、上海人のプライドが高いこと。「餃子だって？　北京のやつと一緒にするのか！」と不愉快になる人もいます。せっかくの気配りが裏目に出てしまう。

上海人と北京人は微妙な関係にあります。ライバル関係というか、お互いに見下しあってる関係というか。要は、「あいつには負けたくない」と意識しあう関係なのですね。こういうことを知っていたら、いらぬトラブルを避けることもできる。意外と重要な情報だと思うのです。

中国では子供が産まれると、母親の戸籍のほうに入ります。つまり、上海戸籍の男性が、地方出身の女性と結婚してしまうと、子供は上海戸籍をもらえないわけです。いまやお金で何でもできる時代になりましたが、戸籍がなければ食料も衣料も住宅も手に入らなかった時代には、上海人と地方の人が結婚するなんて、ありえない選択でした。

私の場合は女性ですから、子供は必ず上海戸籍になります。誰と結婚しても問題ないはずですが、やはり上海人の男性以外、親は許さなかったと思います。もうこれは実質的な損得ではなく、マインドの問題だと思います。

上海はファッションの街

上海は香港、シンガポール、東京に次ぐアジア第4の金融センターですし、さまざまな商工業も発達している。まさに中国最大の経済都市です。ただし、もっともこの街を象徴しているのはファッションでしょう。

シャネル、エルメス、グッチ、プラダ、フェンディ、コーチ、ヒューゴボス、ティファニー、クリスチャンディオール、エスティ ローダー、ヴェルサーチ、スワロフスキー、ドルチェ＆ガッバーナ、ブルガリ、ヴィクトリアズ・シークレット……。世界の錚々たるブランドが、みな上海に本部を置いています。

じつは、上海人はずっとお洒落への執着心が強かったのです。改革開放以前の中国では、全員が人民服でした。紺一色の世界です。それではつまらないと感じるのが上海人。人民服につける付け襟を考え出して流行させました。

上海人はお洒落だというイメージは、その後もずっと続いています。聞くところでは、かつて北京の大学に上海女性が入学するようなことがあると、男子学生たちが次々と教室を覗きにきたそうです。ファッションセンスのいい上海女性がひとつのブランドになっているのだと思います。

だから、上海人は外見をほめられるのがいちばんうれしい。「それセンスいいですね。どこで買ったんですか？」なんて聞かれたら、それだけで気分が盛り上がります。インバウンド対策のひとつになるのではないでしょうか。

なお、残念ながら、ファッションの分野で広く中国人に認知されている日本ブランドはゼロに近く、ユニクロと無印良品ぐらいです（川久保玲と三宅一生には熱狂的なファンがいますが）。わざわざ日本へ服を買いにくる中国人は少なくありませんが、あれは欧米のブランド品を買いにきているのです。中国で買うより安いからです。

まあ、体のサイズからして、中国人には日本の服は小さいということはあります。とはいえ、こんなに可能性のある巨大市場を欧米ブランドの独擅場にしてしまうのは、本当にもったいないことです。日本のファッションブランドにも、ぜひ上海に進出してほしいと願っています。

江蘇省・浙江省とセットで

上海は北隣を江蘇省に、南隣を浙江省に接しています。

長江下流域の江南地方は昔から豊かな穀倉地帯で、「江浙（江蘇省と浙江省）熟すれば天下足る」といわれました。江蘇省と浙江省さえ豊作なら、中国は飢えない。このエリアの作物が北方へ運ばれ、中国の政治を支えてきたのです。

穀物を運ぶために運河が掘られ、物資の集散で商業も発達しますから、古くから都市が栄えます。江蘇省なら南京や蘇州、無錫、浙江省なら杭州や寧波が有名ですが、いずれも新1級都市です。新1級都市15個のうち五つが、この狭いエリアに集中しているのは、そういう背景があるわけです。

じつはこのエリアから日本をおとずれる観光客は非常に多い。観光庁の2016年のデータで訪日中国人に占める割合を見ると、上海が25・8%、江蘇省が9・8%、浙江省が6・9%。合計すれば42・5%もあります。北京とその外港である天津を合計しても16・4%にすぎませんから、江南地方の割合がいかに大きいか理解できると思います。

中国人もこの3地域をセットで考えていて、「江浙滬」という言葉があるぐらいです（滬（フー）というのは、上海の古名です）。

たとえば淘宝網（タオパオ）を見ても、必ず「江浙滬は送料無料」と書いてある。まとめてひとつの経済圏と考えているわけです。北京と天津を合わせて「京津」と呼びますが、「京津は送料無料」は見たことがありません。

歴史的にも文化的にも経済的にも似たエリアですが、近年、交通インフラが発達したことで、より密接な関係になっています。新幹線を使えば、上海～蘇州は25分、上海～杭州は45分、上海～南京は1時間ほどです。江蘇省の崑山までは上海地下鉄が延びていますから、崑山や蘇州から上海に通勤するのも普通になっています。

反対に、江蘇省や浙江省の金持ちたちは、上海にも家をもっています。彼らがよくいうのは「上海の物価のほうが安い」。上海には、外国から来た高級品があふれています。競争が激しいぶん、適正な価格に落ち着く。しかし、情報のとぼしい地方に行くと、値札にゼロをふたつ足しても通ってしまう。それでも平気で買う人たちがいるわけです。彼らの消費能力をあなどってはいけません。

だからインバウンド対策としては、上海だけでなく、このエリアをまとめてとらえるのが賢明だと思います。訪日中国人の4割を占める最大勢力で、歴史的・文化的に日本とのつながりも深い。ターゲットとして、これ以上のものはないのです。

それを考えると、「春節に餃子」はちょっとありえないアイデアです。お茶についても同様で、「中国人だから烏龍茶を出せばよろこぶだろう」と考えるのは間違い。烏龍茶を飲むのは福建人や台湾人であって、上海人は緑茶、北京人はジャスミン茶を飲みます。江南エリアの人には、むしろ日本の緑茶のほうがよろこばれるのです。

ちなみに飲茶（ヤムチャ）の本場である広州では、いろんなお茶が楽しまれています。ジャスミン茶や緑茶を飲むこともあるし、福建省に近いことから烏龍茶も飲まれる。雲南省で飲まれるプーアール茶にも人気がある。安くて体にいい菊花茶がどこに行っても出てくるのは、広東エリアならではかもしれません。

日本語で話しかけられる街

江南エリアは古くから日本と往来のあった土地です。江戸時代までの日本人がイメージしていた「中国」とは、多分にこの地域の風土だったかもしれません。

逆もまたしかりで、このエリアには親日的な気分があると思います。プチ富裕層が住むようなマンションなら、どこでも必ず日本人が住んでいますから。実物の日本人を知っているぶん、政治的な動きに踊らされないのでしょう。

上海のレストランに入って日本語でしゃべっていると、必ず「コンニチワー」とか「ニッポン！」とか声をかけられます。からかい半分もあると思いますが、友好的です。上海以外の都市では滅多にないことです。

面白いのは、たまにタクシー運転手さんからカタコトの日本語で話しかけられること。これは上海でしか経験したことがありません。

１９８０年代、日本は「研修生・技能実習生」という名の出稼ぎ労働者を大量に受け入れました。中国では、上海人が多かったようです。いまの正式な留学生と違って単純労働者ですから、中国に帰っても一流企業に就職する感じではありません。タクシー運転手になる人も多かった。

なかにはビザが切れても不法滞在のまま日本で働き続けた人もいて、彼らは二度と日本に渡れません。だから、長く日本語をしゃべっていない。カタコトでも日本語の会話に加われることがうれしいようです。

「ニホンジンデスカ？　ワタシ、アルバイト。シズオカ……」

静岡県の工場で何年働いたとか、そういう話をしてきます。当時、20～30代だったとしたら、現在は50代ぐらいでしょう。30年も前から日本に夢中になる人がいて、いまも大好きでいてくれる。なんだかうれしいことですね。

タクシーに乗ったら政治の話

さて、北京の話に移りましょう。

タクシー運転手さんの話題を見れば、違いが一目瞭然です。先日も私が乗車するなり、秋に選ばれた新しい中央政治局常務委員の裏話を始めました。中国を動かすたった7人の最高幹部であって、運転手さんには雲の上の存在です。会ったことも話したこともない。それなのに、いかにも親しげに話します。

そう。北京は政治の街なのです。経済都市である上海や広州と好対照です。

面白いのは、ビジネスの場でも、そういう話題がすぐ出てくることです。北京人と10分も話していれば、必ず誰かがこういう発言をします。

「中央政府の○○さんは親戚なので、なんだったら口をきくよ」

「あ、あなた貿易の仕事やってるの？　○○税関のトップがうちの姪っ子の同級生の親だから、紹介してやろうか？」

北京では、ネットワークさえあれば何でもできてしまう。自分の実力だけで頑張るのが当たり前と思っている上海人・広州人としては、正直「なんだかなあ」という気分になることもしばしばです。

前章でＰＴＡ選挙の話をしました。あのとき「さすが上海は実力主義だ。北京だとこうはいかない」という反応があったのは、そういうことなのです。ネットワークの世界だから、公にできないことも多いわけです。

央企（大手の国有企業）の本社は、だいたい北京にあります。政治と密着しており、国家プロジェクトとなると彼らの独擅場です。

上海人や広州人は政治にあまり関心がなく、ビジネスのことばかり考えています。お金の交渉もドライだし、外国人とのつき合いが長いので約束を守る。日本人がビジネスの相手とするには、非常にやりやすいと思います。

北京人の場合、それ以外の要素が入ってくるため、困惑する外国人も多いようです。日本の駐在員の方からも何度か相談されたことがあります。

「○○さんって人、知ってる？　こないだ名刺交換したんだけど、親戚が軍の高官らしくてさあ。口きいてくれるというんだけど、どう思う？」

アドバイスしようもありません。本当に軍高官が親戚なのか、親戚だとして商売の口をきくほどの関係にあるのか。外からは何もわからないのですから。

北漂はあるが、上漂・広漂はない

ただ、北京人にはドライすぎない美質もあります。上海人や広州人のようなお金儲け一辺倒の印象がない。

日系企業は中国でも社員運動会をやったり、日曜日にホームパーティをやったり、会社を離れたところでもつき合いを深めようとします。ドライな上海人や広州人は「そんなのバカバカしい。給料もらえるわけでもないのに、なんで休日出勤?」と嫌がることが多いのです。一方、北京人はいちおう参加してくれます。

北京は文化の香りがすることも特徴です。「瑠璃廠(リウリーチャン)」という有名な書画・骨董品街があります。あの規模のものは、上海・広州にはありません。北京には文化を大切にする雰囲気があるし、文化人も多いのです。

理由はいくつかありますが、まずは大学が多いこと。1995年に政府が「211重点大学」といって、重点的に投資していく有名大学を指定しました。これを見ると、上海が9校、広東省が4校なのに対し、北京は26校と突出しています。

メディアでいうと、出版社が集中しています。日本でも出版社の大半が東京に集中していますが、それと似た状況にある。建国以来の老舗出版社もそうですが、外資系の新しい出版社も北京で仕事をする。『ELLE』も『VOGUE』も『BAZAR』も『COSMOPOLITAN』も北京で編集されているのです。

映画製作会社が集中しているのも特徴です。中国には「演芸経紀公司」といって、映画・テレビ番組の制作をやりつつ、芸能人事務所も兼ねているような総合エンターテインメント企業があります。有名な10大演芸経紀公司のうち、五つは北京にあります。トップ企業の華友誼兄弟も北京が本拠地です。

プロデューサーや監督が住み、それに群がるように映画関係者やドラマ関係者が住む。当然、俳優や女優、ミュージシャンも集まる。そんな街が北京なのです。文化の発信地という意味では、上海や広州の追随を許さない。

最近はアーティストたちも北京に集まるようになりました。ギャラリーが集中してワーク

いまもっともホットな芸術村「798」には、街のあちこちにアート作品が飾られている

ショップもやるような芸術村が全国的に増えていますが、もっとも有名なのは、北京の「宋荘」や「798」です。

「北漂（ペイピアオ）」という言葉があります。地方から北京に出てきたものの、いまだ夢を果たせずアルバイトで生活している若者のことです。夢は女優であったり、ミュージシャンであったり、作家であったり、ニュースキャスターであったり、芸術家であったりと、さまざまです。でも、スターになりたい人は、みんな北京を目指す。

一方、「上漂」や「広漂」という言葉はありません。上海や広州では漂流しない。北京人になりたいという思いはそれだけ強いのでしょう。日本でいえば「東京に出てビッグになってやる」みたいな憧れが、北京に対してはあるということです。

ワイルドな旅をする人が多い

北京人は大人数でワイワイにぎやかにやるのが好きです。北京の大学に通っていたとき、教授がよく「ここらは遊牧民が多いから、みんな声がでかいんだよなあ」と笑っていたのを思い出します。

宴会も大好き。例の「乾杯」文化にしても、北方のほうがお酒を強要するムードがあります。最近の上海や広州では、グラスをもちあげて相手と目を合わせるだけのことも増えているのですが、北京人は本当に飲み干すまで許しません。

遊牧民的な文化がまだ残っているからなのでしょうか。北京人はワイルドな旅をするイメージがあります。友人たちを見ても、４ＷＤみたいな自然のなかを走る車を買うのは、北京人が多い。

燕山山脈や太行山脈も近いので、週末にはキャンプに出かける人もいます。山登りをする人もいるでしょう。冬はスキーです。上海にスキー場はゼロですが、北京郊外には40カ所以上もスキー場があります。アウトドア志向が強いわけですね。

水郷地帯である江南エリアでは、やさしい気質が育ちます。中国人がよく冗談にして笑うのは、「嫁の下着を洗うのは上海の男だけだ」。上海の男性が女性に対して威張ることは、あまりないと思います。

それに比べると、北方の荒々しい風土で育った男性は強い。亭主関白で、奥さんに対しても威張っている人が多い。男性が洗濯するなんてもってのほかです。

まあ、政治の街ですから、そういう環境も整っているのです。「石を投げると幹部に当たる」といわれるほど、政府幹部が多い。中秋節や春節になると、中国全土からお土産を抱えた地方幹部が集まってきて、北京の道路は大渋滞します。他人からもち上げられることに慣れているわけです。面子も重視します。

そういう意味で、日本の旅館で女将や仲居さんが勢ぞろいして出迎えたり、全員で中国の国旗を振って送り出したりするサービスは、非常に効果的だと思います。重要人物あつかいされて当然だと思っているから、目の前に大勢いるほうが満足するのです。

北京が長いあいだ首都だったこともあり、北京人は歴史の話が好きです。歴史へのこだわりは、ほかの地方より強い。だから、歴史的由来を語ってあげるのも、大切なポイントです。この旅館は明治何年に創業して、明治維新で活躍した誰それが泊まったなんて話をすると、目を輝かせて聞いてくれます。

この壺には由来がございまして……と、書画骨董の解説をするのもいいかもしれませんね。上海人や広州人より興味をもっていると思います。

政治家も文化人も、北京人には身近な存在です。だから、有名人の話も大好き。中国政府の誰々が泊まられたのは、この部屋です。そのときにこういうエピソードがあって……なんて話すと、その部屋で記念撮影をする人もいるはずです。

「世界の工場」ならではの悩み

さて、最後に広州の話に入りましょう。

広東省には広州と深圳、ふたつの1級都市があります。1級都市は四つしかないのに、その半分が広東省なのです。

どちらもメガシティで、どちらも訪日観光客が多い。ただ、深圳は上海以上に歴史のない街で、発展したのも改革開放以降です。全国から人が集まっていて、あまり独自色がない。なので、広州のイメージを中心に語りたいと思います。

広東省は福建省と並んで、多くの華僑を送り出してきた土地。上海以上に商売熱心です。しかも、鎖国していた清朝の時代には、唯一、海外に開かれた窓でした。日本にとっての長崎みたいな存在なのです。外国人とのつき合いに慣れていますし、日本人がビジネスをする相手に向いています。

広州は改革開放を引っ張った街で、かつては中国の最先端都市でした。プライドの高い上海人や北京人が20～30年前は広州へ出稼ぎにいったりしていた。それだけ巨大な経済都市だったわけです。

広州は香港に近いこともあって、外国文化が流入します。海外の流行曲はリアルタイムに入ってくるし、ファッションも同様です。私が小さいころの広州はお洒落なイメージで、それこそ見上げるような存在だったと思います。

ただ、その後、流れが変わりました。深圳はアジアの金融センターを目指していたのに、金融業の中心地は上海に移りました。かつてＩＴベンチャーは必ず広州や深圳で起業したものですが、いまや「中国のシリコンバレー」と呼ばれているのは北京の中関村。北京大学や清華大学のある地域です。

もちろん、テンセントやファーウェイの本拠地は深圳で、いまだＩＴ産業の中心地ではあります。ウィーチャットの本部も広州にあります。中国の特許申請件数は世界一になりつつありますが、じつはその半分は、このエリアで生まれた技術の特許です。

中国人が「世界の工場」という言葉を聞いたとき、まず思い浮かべるのは広東省です。中国が「世界の工場」から「世界のマーケット」へ脱皮しつつあることを思えば、製造業を主産業とするエリアは厳しい。人件費の高騰で外資系企業の工場が広東省から出ていったりして、一時は地元企業の倒産ラッシュもありました。逆に「世界のマーケット」である上海の勢いが増してきている。

この10年の地盤沈下を象徴するように、広州の屋台や飲み屋街もかなり寂しくなったようです。かつてはカラオケ店やスナックに日本人もあふれていましたが、当時ほどの勢いはありません。

意地でも標準語を使わない理由

広州人の特徴といえば、意地でも標準語（北京官話）を使わないこと。まるで大阪人のようですが、東京人が大阪に来て大阪弁を聞いても、だいたいは理解できます。一方、北京人が広州に来て広東語を聞いたら、1％も理解できない。外国語も同然なのです。

上海語も北京人には理解できませんが、あまり使われなくなっており、地元政府が「上海語をしゃべりましょう」キャンペーンをやっているぐらいです。上海に住む人の半分近くは地方出身者なので、標準語を使わないと日常生活が送れないからです。コンビニや飲食店の店員さんはまず間違いなく地方の人ですから。

外から入ってくる人が多いのも上海の特徴です。たとえば地方都市からアメリカへ留学した人がいたとして、彼が海亀族として帰ってくるのは、上海や北京なのです。広州に帰ることはあまりありません。だから標準語が必要になる。

家政婦さんが地方出身ということも大きいと思います。彼女たちとコミュニケーションをとるには、標準語しかない。だから、うちの子供たちも全員、上海語が話せません。こうしたことが「上海語離れ」に拍車をかけています。

それに比べると、広東省はまだ内部での人の行き来が多いので、広東語だけでも通用する世界なのでしょう。日本をおとずれる広州人からも「もっと広東語のガイドを増やしてほしい」との声を聞きます。

ただ、広東人としての意地もあると思います。北京から遠い広東省は、中央政府の意向が行き届きにくい。歴史的に自由な土地柄ですし、さまざまな革命もこの土地から始まっています。なにしろ広東省の人口は1億人を超えています。ヨーロッパのどの国より多いのです。

自分たちの土地は北京とは違うんだ。そんな意識も、広東語しか使わない背景にあると思うのです。

中国でもっとも思いきった報道をするメディアは、広州の『南方週末』グループです。大胆な記事も気にせず書いてしまうムードがある。一方、上海市の総書記は、中央政府でトップグループに入るための登竜門。江沢民も習近平もここを通っています。上海は政治で中央に近いぶん、報道はおさえ気味になるのです。

午前中はまだみんな寝てますよ

上海でタクシーに乗ると日本の思い出話、北京でタクシーに乗ると政治ネタでした。では、広州では何か？　これはもうズバリ、食の話題です。

上海が「着倒れ」なら、広州は「食い倒れ」の街。まさに「食は広東にあり」です。これだけは上海人も北京人も負けを認めざるをえない。

タクシーで「今日、何食べる？」なんて会話をしていたら、まず間違いなく運転手さんが口をはさんできます。

「子豚の丸焼きだったら××。△△は最近、味が落ちてるね。この時間に行くなら……」

それぞれに行きつけの店があって、こちらの好みを聞いたうえで案内してくれます。朝っぱらから、その日の夕食の話題になることもしばしばです。

うちの社員が広州でタクシーに乗り、空港に向かう途中のこと。「何時発の飛行機？」という会話になりました。いま飛行機に乗ったら夜11時ごろに上海に着くと聞いた運転手さん、こういったそうです。

「着いてちょうど夜食の時間じゃないですか。それはバッチリだ」

日本人の広州駐在員から聞いた話ですが、彼が赴任直後、朝11時にディーラーを集めた会議をひらきました。ところが、出席者が半分もいない。何か起きたのかと心配したそうです。現地スタッフが笑っていうには、「午前中は、みんなまだ寝てますよ」。夜中まで飲み食いするのが広州文化なのです。

広州では飲茶（ヤムチャ）やお粥の専門店が、夜中までひらいています。日本人は「シメのラーメン」でしょうが、広州人は「シメのお粥」。カラオケ、トランプ、麻雀や女性のいる店でさんざん遊んだあと、最後にお粥を食べて帰ります。

北方の都市の夜は早い。大連や瀋陽では、夜５時にお店を締めてしまうところも多いのです。北京だって、だいたい１次会で散会。２次会をやるようなことはほぼありません。一方、広州の人たちは夜中まで遊んでいる。大きな違いです。

食事はゆっくり食べたい

日本をおとずれた広州人を満足させるには、胃袋をつかむ以外、考えられません。駅周辺や宿周辺のグルメマップを用意しておくのは必須です。

広州人はスープが大好き。昼も夜も必ずついてきます。上海では最後にスープが出てきますが、広州では最初です（北京にはスープを飲む習慣があまりありません）。それぐらいスープにこだわりがあるのです。

薬膳スープや豚足のスープ、豚の肺のスープなど、種類もすごく多い。日本に来た広州人からよく聞く不満は「日本はスープの種類が少なすぎる」。カツオや昆布の出汁はおいしいものの、それは彼らにとってワンノブゼムなのです。スープに関しては、工夫の余地があるかもしれません。

広州人は食事をゆっくりとります。朝から晩まで飲茶をしているといって過言ではありません。特に「早茶（ジョオチャ）」はこのエリアならではの風習で、朝から飲茶をするのです。

広州の多くの店は、朝の7～11時を早茶タイムにあてています。典型的なメニューは海老餃子、シューマイ、チャーシューまん、海鮮粥など。こうした点心をつつきながら、お茶を飲む。50～80元（約８５０～１４００円）が一般的ですが、ミシュランで星のついたレストランでは２５０元（約４３００円）ぐらいします。朝食に４０００円もつかうなんて、いかに食事を大切にしているかわかりますね。

まあ、お茶を飲んでコミュニケーションをとるのが目的なので、早茶の場でビジネスの話をすることも多いのです。ただし、ニューヨークのパワーブレックファストと大きく違うのは、それに2～3時間かけるのも珍しくないことです。

だから広州人は、日本旅館で食事を何時から何時までに食べろといわれたら、落ち着きません。途中で片づけられたりすると、不愉快になります。これは日本のインバウンド関係者も気をつけたほうがいい点でしょう。

袁 静　えん・せい

株式会社行楽ジャパン代表取締役社長。上海市生まれ。北京第二外国語大学卒業。早稲田大学アジア太平洋研究科修了後、日経ＢＰ社に入社し日本で10年間を過ごす。帰国後、２００９年北海道をテーマに雑誌『道中人』を創刊。11年九州をテーマに『南国風』を創刊。13年、両誌を合併し、中国富裕層向けに日本の魅力を伝える雑誌『行楽』を創刊、15年株式会社行楽ジャパンを設立する。現在、上海と東京にオフィスを構え、中国での日本の観光ＰＲに活躍する。

日経プレミアシリーズ｜365

日本人は知らない中国セレブ消費

二〇一八年二月八日　一刷

著者　袁 静

発行者　金子 豊

発行所　日本経済新聞出版社
http://www.nikkeibook.com/
東京都千代田区大手町一—三—七　〒一〇〇—八〇六六
電話（〇三）三二七〇—〇二五一（代）

装幀　ベターデイズ

印刷・製本　凸版印刷株式会社

ISBN 978-4-532-26365-2　Printed in Japan

日経プレミアシリーズ356

なぜ中国人は財布を持たないのか

中島恵

爆買い、おカネ大好き、パクリ天国――。こんな「中国人」像はもはや恥ずかしい？　街にはシェア自転車が走り、パワーブロガーが影響力をもつ中国社会は、私たちの想像を絶するスピードで大きな変貌を遂げている。次々と姿を変える中国を描いた衝撃のルポルタージュ。

日経プレミアシリーズ158

中国人エリートは日本人をこう見る

中島　恵

なぜ日本が好きなのか。日本企業の何が素晴らしいと感じるのか。やっぱり不可解・不快な日本人の性格や行動とは何か――。日中両国に住む中国人の若手エリートおよそ100人が語る、本音ベースの日本論・日本人論。彼らの声に耳を傾ければ、私たちが意識しない「自分たちの姿」が見えてくる。

日経プレミアシリーズ213

中国人の誤解　日本人の誤解

中島　恵

えっ「日本は中国と戦争したがっている」って？　日本を知らない中国人、中国を知らない日本人が、互いの悪印象を増幅させる。「抗日ドラマ」を見ているのは誰か？「愛国教育」の影響力とは？中国現地の多くの人々に本音の話を聞き、日中関係を覆う「不幸の構造」を解き明かす。